HIERBAS ANCESTRALES CURATIVAS

Descubre el maravilloso poder de las plantas medicinales y sus grandes beneficios.

María Paula Martin

Créditos

Copyright © 2023

María Paula Martin

Primera Edición Noviembre 2023

ISBN: 9798871944332

Corrección de estilo: Carlos Esquives

Maquetación: Fernando Batista

Diseño de portada e interiores: Bookdesign LC

Este documento está orientado a proporcionar información exacta y confiable respecto al tema en cuestión.

HIERBAS ANCESTRALES CURATIVAS

TABLA DE CONTENIDO

Introducción

Bienvenido. Si estás dispuesto a leer este libro es porque probablemente te has sentido atraído por el enorme potencial que alberga la naturaleza. Al igual que tú, siempre tuve un gran respeto y admiración hacia la basta sabiduría que contiene el mundo vegetal. Es por eso me complace que hayas decidido acompañarme en este camino de descubrimiento y aprendizaje para recorrer el maravilloso universo de las plantas medicinales y su aplicación en la salud humana.

Me dispuse a producir este contenido con la clara premisa de que la naturaleza nos ha otorgado un regalo invaluable y, por tanto, como todo obsequio, este debe ser valorado. Ahora, tomando en cuenta que este regalo consiste en una amplia y muy compleja gama de conocimientos, es que este obsequio también debe ser estudiado y, posteriormente, utilizado de manera respetuosa y consciente. Tenemos que ser sensatos en que cada una de estas maravillosas criaturas verdes equivalen a un pequeño milagro al aportar bienestar y equilibrio para la vida en general. Las plantas medicinales han jugado un rol esencial en la historia humana desde tiempos remotos. La humanidad ha recurrido a estas para tratar diversas enfermedades y malestares. Antiguas civilizaciones como la egipcia, la romana, la griega, la azteca, la maya y muchas otras, han dejado registros detallados de su modo de uso y los tan bondadosos efectos que impulsaron en la evolución de sus respectivas sociedades. En rescate a ello, este libro se convierte en un conglomerado de esa sabiduría ancestral que se ha ido robusteciendo durante siglos y ha impulsado a preservar la salud humana desde los estudios de la botánica.

Es así como hoy en día las plantas medicinales representan una increíble fuente de bienestar y salud tomando en cuenta de que muchas de las medicinas modernas que utilizamos habitualmente se derivan de los compuestos encontrados en esa vegetación. Eso me lleva a mencionar que la medicina natural procedente de las plantas va más allá de la mera extracción de sustancias químicas. El asistir a esta vegetación estamos creando una relación simbiótica con la naturaleza. Al consumir las plantas medicinales estamos construyendo una conexión o vínculo entre nuestro cuerpo y la naturaleza a fin de crear una mutua preservación.

Por otro lado; si bien las plantas tienen un papel esencial en la medicina preventiva —siempre que se haga un uso adecuado de estas— y ayudan a fortalecer nuestro sistema inmunológico, prevenir enfermedades y mejorar nuestra salud general, es importante recordar que no son una panacea. En este sentido, no reemplazan un estilo de vida saludable ni el diagnóstico o tratamiento médico necesario para problemas de salud específicos. En su lugar, complementan y enriquecen diversos aspectos del estado de salud, proporcionando una opción adicional para preservar nuestro bienestar.

A considerar también que a pesar de todos los beneficios que aportan, no dejaré de recalcar que el uso de este tipo de plantas requiere precaución y conocimiento. Al igual que las medicinas modernas, este tipo de asistencia médica genera ocasionalmente efectos secundarios y tiene contraindicaciones. Algunas podrían ser consumidas como medicamentos convencionales, pero también están otras que podrían ser tóxicas si se consumen en grandes cantidades o con frecuencia. Por eso, es fundamental informarse bien y consultar a un profesional de esta rama antes de iniciar cualquier tratamiento basado en plantas medicinales.

A pesar de esas advertencias, ten tranquilidad que en este libro podrás encontrar información confiable, práctica y bien investigada para evitar esas situaciones. A través de estas páginas, aprenderás sobre las propiedades de las plantas curativas y cómo aplicarlas de manera segura y efectiva a fin de tratar diversas condiciones y mejorar tu salud.

Adicionalmente, otro objetivo de este escrito es reforzar tu relación con la naturaleza al reconocer su valor incalculable. Hacer eso es de paso reconocer el papel importante que juega en la salud humana. Cada uno de nosotros poseemos una interdependencia con la naturaleza, característica que actualmente se está olvidando. Por eso, en un mundo donde la desconexión de la naturaleza es a menudo la norma, el conocimiento y uso de éstas es un camino de reencuentro con el vínculo hacia la tierra y nosotros mismos.

Históricamente, las plantas medicinales han sido el pilar de numerosos sistemas de salud de diversas civilizaciones de todo el mundo. Los resultados obtenidos a partir de su uso son ricos y variados, algo que continúa siendo relevante para la medicina contemporánea. En la medicina tradicional china, por ejemplo, el ginseng y la peonía han sido valoradas durante siglos por sus propiedades antinflamatorias curativas. En la medicina ayurvédica procedente de la India, el tulsi y la ashwagandha son fundamentales, que ayudan a reducir el estrés y regular los sistemas del cuerpo. La sabiduría de estas antiguas prácticas médicas proporciona una comprensión más profunda del cuerpo humano y su relación con la naturaleza.

A pesar de los avances de la medicina moderna, las plantas siguen siendo una opción valiosa y viable para muchas personas de todo el mundo. Esto se debe a su accesibilidad, eficacia y la posibilidad de utilizarlas de manera personalizada de acuerdo con las necesidades individuales de cada persona. El potencial que tienen para mejorar nuestra salud es enorme. Cada planta posee un perfil único de fitoquímicos, compuestos bioactivos que determinan sus propiedades medicinales. Estos pueden tener efectos antiinflamatorios, antioxidantes, antimicrobianos, además de otros que ayudan a prevenir y tratar enfermedades. La relación de la humanidad con las plantas medicinales ha evolucionado e impactado en nuestras creencias. Su utilidad es prueba de su trascendencia. Han estado con nosotros en todas las etapas de nuestra evolución, proporcionándonos alimento, medicina, refugio y más.

Espero que esta introducción te haya inspirado y resulte ser el principio para que puedas comprender la enorme riqueza y potencial que la naturaleza tiene para ofrecerte. Y recuerda que la salud no es simplemente la ausencia de enfermedad, sino además un estado de bienestar integral. En tanto, las plantas medicinales tienen el potencial de desempeñar un papel valioso en la búsqueda de esa tranquilidad al servirte como una herramienta poderosa y accesible para cuidar de nuestra salud y la de nuestros seres queridos.

1

¿Qué son las plantas medicinales?

Nuestra exploración al increíble universo de las plantas medicinales comienza con esa fundamental pregunta. A primera vista, la respuesta te parecerá simple: son plantas que poseen propiedades curativas. Claro que si nos adentramos un poco más descubriremos que esta definición apenas rasca la superficie de un concepto mucho más profundo y diverso.

Las plantas medicinales son testigos de la interacción que tuvieron por varios siglos los seres humanos y la naturaleza. Estas concentran un conocimiento ancestral transmitido de generación en generación al relacionarse con campos como la biología, la química, la cultura, la historia y la espiritualidad. A lo largo de la historia, en todas las culturas de todas las partes del mundo, han sido asistidas y veneradas como aportadoras de vida, salud y bienestar convirtiéndose en objeto de estudio, rituales y prácticas que buscan aprovechar su poder curativo.

María Paula Martin

Por ejemplo, en la antigua China, los médicos y sabios confucianos las consideraban instrumentos de armonía que equilibran el yin y el yang del cuerpo humano. En tanto, en la cultura ayurvédica procedente de la India, se las asiste como parte de la dieta para promover la salud y prevenir enfermedades. En las antiguas culturas mesoamericanas, las plantas medicinales eran una materia prima esencial para la vida cotidiana, así como para la medicina tradicional. Los curanderos mayas y aztecas poseían un vasto conocimiento de la flora local. Ellos sabían de sus propiedades medicinales y cuál trataba específicos malestares. Por su parte; en la Europa Medieval, ese tipo de plantas se cultivaban en los jardines monásticos y se utilizaban para la elaboración de remedios y tónicos. Ya durante la Edad Moderna, cuando la botánica se convirtió en una disciplina científica, los que la estudiaron comenzaron a clasificar y estudiar las plantas de forma sistemática.

Hoy en día, la medicina occidental reconoce el valor de las plantas medicinales. Muchas de las drogas comerciales se derivan de las plantas medicinales. Al mismo tiempo, la medicina tradicional basada en plantas sigue siendo esencial para millones de personas en todo el mundo, especialmente en regiones donde el acceso a la medicina moderna es limitado. Por lo tanto, la medicina de hoy se reduce a un punto de encuentro entre el pasado y el presente, la tradición y la innovación, la espiritualidad y la ciencia. Las plantas medicinales poseen un conocimiento que va más allá de lo físico y se eleva a lo metafísico, lo simbólico y lo sagrado. Y a pesar de que ese tipo de sensibilidad varía o se cancela según la cultura o contexto, es innegable para cualquier escenario que las plantas medicinales son un regalo de la naturaleza, herramienta valiosa para el mantenimiento de nuestra salud y bienestar. A lo largo de este capítulo, profundizaremos en su entendimiento y su papel para nuestra vida.

Características de las plantas medicinales

En primer lugar, una característica esencial de las plantas medicinales es su contenido de principios activos. Esto se refiere a que las plantas poseen compuestos bioquímicos. Son estos compuestos los que determinan sus propiedades medicinales. Pueden ser varios los tipos. Están los alcaloides, flavonoides, terpenos, glicósidos, polifenoles, aceites esenciales, entre otros. Estos compuestos generan efectos en el cuerpo humano. Pueden actuar como antibacterianos, antivirales, antiinflamatorios y analgésicos. Adicionalmente, la concentración y composición de estos principios activos es diferente según la especie de planta, dependiendo también de los factores ambientales y su crecimiento dentro de un entorno específico. Esto lo ampliaré en un siguiente segmento dedicado especialmente a los principios activos.

Una segunda característica importante es la diversidad. Existen miles de especies de plantas en todo el mundo que se han utilizado por sus propiedades curativas. Desde las más comunes como la manzanilla y la menta hasta las menos conocidas como la artemisia y la uña de gato. Esta diversidad es reflejo de la increíble riqueza y complejidad de la naturaleza, la cual es una fuente inagotable de potencial para la investigación y el descubrimiento de nuevas terapias. Los detalles de la diversidad lo encontrarás a lo largo de los siguientes capítulos en los que presentaré una gran cantidad de remedios basados en las diferentes plantas a la que podemos calificar como medicinales.

Otra característica importante es la versatilidad de las plantas medicinales. Aquí me refiero a que es posible utilizarlas de muchas formas para tratar ciertas condiciones. Por ejemplo, es posible ingerirlas en forma de infusiones, decocciones o tinturas, aplicadas tópicamente mediante cataplasmas o ungüentos, o incluso inhalarlas en forma de vapores. Algunas plantas incluso tienen propiedades beneficiosas en múltiples sistemas del cuerpo, lo que las hace especialmente versátiles. Por ejemplo, la manzanilla, conocida por sus propiedades calmantes, ayuda a la digestión y posee propiedades antiinflamatorias. Esto también lo estaré ampliando en los siguientes segmentos del libro.

La adaptabilidad es otra característica importante de las plantas medicinales al ser capaces de crecer en una amplia variedad de climas y condiciones de suelo. Esto las hace accesibles para personas de todo el mundo y permite su uso en distintas zonas. Plantas como la ortiga y el diente de león son a menudo consideradas malas hierbas, pero de hecho son valiosas fuentes de nutrición y medicina.

Por último, una característica sustancial de las plantas medicinales es que tienen un papel importante en la conservación de la biodiversidad y la sostenibilidad. Este tipo de vegetación es una materia esencial para muchos ecosistemas dado que su recolección y uso contribuye a la conservación de la biodiversidad, siempre y cuando se haga de manera sostenible y respetuosa. De hecho, uno de los intereses de las plantas medicinales tiene que ver con que su asistencia es un incentivo para la conservación de los bosques y otros hábitats naturales. En otro extremo, no se debe obviar los beneficios que gestan las plantas medicinales en la economía de muchas comunidades y países a partir de su recolección, cultivo, procesamiento y venta. Esto las convierte en una fuente importante de ingresos y empleo.

Por tanto, es importante reconocer que las plantas medicinales son una manifestación asombrosa por su complejidad y diversidad. Su estudio y uso nos invita a adoptar un enfoque más integral y holístico de la salud. Por otro lado, su uso responsable y sostenible es un aporte a la conservación de la biodiversidad y mejora la salud y el bienestar humano. En los siguientes apartados de este capítulo, comentaré con mayor profundidad las características mencionadas y te enseñaré a cómo aprovechar el potencial de estas plantas de manera segura y efectiva.

Principios activos de las plantas medicinales

Los principios activos están relacionados con los efectos provocados por los componentes bioquímicos responsables de las propiedades medicinales de las plantas. Estos son los verdaderos "héroes" detrás de los poderes curativos de las plantas medicinales.

Entre los principios activos de las plantas medicinales, podemos encontrar los alcaloides, los flavonoides, los terpenos, los glicósidos y polifenoles entre otros.

Los alcaloides

Son compuestos nitrogenados que se encuentran en una amplia variedad de plantas medicinales. Estos poseen una estructura química bastante compleja al abarcar diferentes sustancias, cada una con propiedades y efectos únicos.

El término "alcaloide" proviene de la palabra árabe *al-qali* que significa "ceniza de las plantas". De entre todos los compuestos, es el que genera un efecto más potente tras su consumo.

Son famosos por sus efectos psicoactivos. Un ejemplo de una materia prima que contiene alcalino es la cafeína. Esta se encuentra en plantas como el café y el té. La cafeína provoca un efecto estimulante en el sistema nervioso central. Otros alcaloides conocidos son la morfina (derivada de la adormidera que tiene fuertes efectos analgésicos), la quinina (utilizada para tratar la malaria) y la atropina (un potente antídoto usado para ciertos tipos de envenenamientos).

Los alcaloides no son solo poderosos estimulantes o calmantes, algunos como la vincristina y la vinblastina, derivados de la planta vinca rosea, se utilizan en medicamentos para el tratamiento del cáncer. Estos inhiben la proliferación celular maligna, lo que los hace efectivos contra las células cancerosas que se dividen rápidamente.

La berberina es otro alcaloide que se encuentra en plantas como la uva de Oregón y el sello de oro. Tiene propiedades antimicrobianas, antiinflamatorias y potencialmente antidiabéticas. Las investigaciones sugieren que es útil en el tratamiento de una variedad de afecciones, desde la diabetes tipo 2 hasta el síndrome del intestino irritable.

Vale mencionar que cada alcaloide tiene un perfil de acción específico e interactúa con otros compuestos de la planta y el cuerpo humano de formas complejas. Las investigaciones continúan descubriendo nuevas aplicaciones potenciales para estos fascinantes compuestos; sin embargo, es debido a su potencia que los alcaloides también son tóxicos si se les ingiere en dosis altas. Por lo tanto, es fundamental usar las plantas que los contienen de manera segura y responsable.

Los flavonoides

Son un grupo de compuestos vegetales responsables de los colores vivos de muchas frutas y flores. Estos se encuentran en una amplia variedad de plantas medicinales y se sabe que tienen una serie de beneficios para la salud. Son potentes antioxidantes, lo que significa que ayudan a proteger nuestras células contra el daño causado por los radicales libres, responsables de una serie de enfermedades crónicas, incluyendo enfermedades del corazón y cáncer. Es por esa razón que las dietas ricas en flavonoides reducen el riesgo de estas y otras enfermedades.

Además de su actividad antioxidante, los flavonoides cuentan con propiedades antiinflamatorias. Es decir, son beneficiosos cuando se trata de reducir la inflamación en el cuerpo que es una respuesta común a la lesión o infección. Por ejemplo, algunos flavonoides como la quercetina se han estudiado por sus efectos en enfermedades inflamatorias como la artritis.

Se sabe también que los flavonoides se caracterizan por generar efectos beneficiosos en el cerebro. Se ha encontrado que algunos mejoran la memoria y la función cognitiva, y además nos protegen contra las enfermedades neurodegenerativas como la enfermedad de Alzheimer.

Al igual que los alcaloides, cada flavonoide tiene un perfil de acción específico. Así que es importante tener en cuenta que interactúa con otros compuestos en la planta y en el cuerpo humano de formas complejas. Por lo tanto, es fundamental usar las plantas que contienen flavonoides de manera segura y responsable.

Los terpenos

Se trata de un grupo diverso de compuestos orgánicos que se encuentra en una amplia variedad de plantas. Son los principales constituyentes de los aceites esenciales de muchas plantas y árboles al ser responsables de su olor y sabores distintivos. Desempeñan además una variedad de roles en la planta, desde atraer a los polinizadores hasta proteger contra patógenos. Se ha descubierto además que cuenta con una serie de propiedades medicinales beneficiosas para los seres humanos.

Por ejemplo, el limoneno, un terpeno que se encuentra en los cítricos, tiene propiedades antiinflamatorias y antioxidantes, y ayuda a mejorar la digestión. Se ha comprobado también que cuenta con efectos anticancerígenos. Otro terpeno como el pineno se encuentra en muchas especies de coníferas. Este tiene propiedades antimicrobianas y mejora la respiración.

El linalool que se encuentra en la lavanda tiene propiedades calmantes, alivia la ansiedad y mejora el sueño. Por su parte, el eucaliptol que se encuentra en el eucalipto es beneficioso para la congestión y mejora la respiración.

Cada terpeno tiene un perfil de acción único e interactúa con otros compuestos según la planta o el cuerpo humano de formas complejas. Como con otros principios activos, es fundamental usar las plantas que contienen terpenos de manera segura y responsable.

Los glicósidos y polifenoles

Son compuestos que se forman cuando un azúcar se une a otra sustancia no azucarada. Se encuentran en muchas plantas medicinales y se sabe que generan una serie de beneficios para la salud. Algunos glicósidos como los glucósidos cardíacos que se encuentran en la planta de digital tienen un efecto potente en el corazón y se utilizan para tratar afecciones como la insuficiencia cardíaca. Otros glicósidos como las saponinas que se encuentran en plantas como el ginseng y la soja tienen propiedades antiinflamatorias y antioxidantes.

Por último, los polifenoles poseen un grupo diverso de compuestos químicos. Son antioxidantes potentes y protegen las células del cuerpo contra el daño causado por los radicales libres. Algunos tienen propiedades antiinflamatorias y protegen el corazón. Al igual que con los otros principios activos que te he presentado, cada polifenol tiene un perfil de acción único, y la ciencia sigue descubriendo nuevas aplicaciones para estos compuestos. Como siempre, es esencial usar las plantas que contienen polifenoles de manera segura y responsable.

Categorías de las plantas medicinales

Se categorizan de diversas formas y en función de sus efectos sobre el organismo. Cada una de estas categorías contiene plantas con propiedades específicas y usos tradicionales asociados. A continuación, describiré algunas de las categorías más conocidas.

Plantas antibacterianas

Son aquellas que contienen compuestos capaces de inhibir el crecimiento de bacterias o destruirlas. A lo largo de la historia, muchas culturas han utilizado estas plantas para tratar infecciones o simplemente prevenir enfermedades.

El ajo, por ejemplo, es conocido por sus potentes propiedades antibacterianas. Contiene un compuesto llamado alicina, la cual inhibe el crecimiento de una variedad de bacterias, incluyendo *E. coli* y *staphylococcus aureus*. Además del ajo, existen otras plantas como el sello de oro que contiene berberina, alcaloide con propiedades antibacterianas comprobadas.

Es importante mencionar que, aunque muchas plantas tienen propiedades antibacterianas, no todas son efectivas contra todas las bacterias y no deben ser utilizadas como sustitutos de los antibióticos en casos de infecciones graves.

Plantas antivirales

Al igual que las plantas antibacterianas, las antivirales contienen compuestos que inhiben la replicación viral y fortalecen el sistema inmunológico del cuerpo para que pueda luchar contra las infecciones de manera más efectiva.

Una planta antiviral ampliamente reconocida es el saúco. Sus flores y bayas se han utilizado en la medicina tradicional para tratar infecciones del tracto respiratorio. Algunas investigaciones sugieren que también es eficaz contra el virus de la influenza. Otra planta antiviral es la equinácea utilizada para fortalecer el sistema inmunológico a fin de prevenir y tratar infecciones virales como el resfriado común.

Plantas antiinflamatorias

La inflamación en el cuerpo es una respuesta común a la lesión o infección. La prolongación de este malestar puede contribuir a diversas condiciones de salud crónica, incluyendo enfermedades del corazón, diabetes y cáncer. Esta es una razón suficiente para prestar atención y aprovechar a este tipo de plantas que combaten este síntoma.

Una de las plantas antiinflamatorias más conocidas es la cúrcuma, ello gracias a su compuesto llamado curcumina que según numerosos estudios posee propiedades antiinflamatorias. Otra planta antiinflamatoria es el jengibre por su contenido de gingerol.

Plantas antioxidantes

Son aquellas que contienen compuestos que neutralizan a los radicales libres, moléculas inestables que causan daño a las células y contribuyen con el envejecimiento y diversas enfermedades crónicas. Los arándanos, por ejemplo, son ricos en antocianinas, un tipo de flavonoide que posee potentes propiedades antioxidantes. La cúrcuma, que mencioné más arriba a propósito de sus propiedades antiinflamatorias, es además un poderoso antioxidante. Otra planta rica en antioxidantes es el té verde por su variedad de polifenoles antioxidantes, incluyendo las catequinas.

Es importante mencionar que mientras los antioxidantes protegen las células del daño, ayudan a prevenir el cáncer, las enfermedades cardiovasculares, el alzhéimer y otras dolencias crónicas. Algunos estudios sugieren que tomar suplementos con antioxidantes en exceso es perjudicial para la salud. Por lo tanto, es mejor obtener antioxidantes provenientes de fuentes alimenticias naturales y a su vez consumirlos como parte de una dieta balanceada y variada.

Plantas adaptógenas

Son las que ayudan al cuerpo a reducir los niveles de estrés. Estas plantas equilibran y restauran las funciones corporales normales y mejoran la resistencia ante el estrés físico y mental. El ginseng, por ejemplo, es conocido por su capacidad para mejorar la resistencia contra la tensión mental y la fatiga corporal. Otros adaptógenos incluyen la ashwagandha que reduce los niveles de cortisol (hormona del estrés) y la rhodiola que mejora la resistencia al estrés mental y físico.

Similar a otras categorías, las plantas adaptógenas también deben ser usadas con precaución y bajo la supervisión de un profesional de la salud. Aunque estas plantas ayudan al cuerpo a manejar el estrés, no sirven como sustituto a los métodos del manejo de estrés, tales como una dieta equilibrada, el ejercicio regular y el sueño adecuado.

Formas de utilización de las plantas medicinales

Existen múltiples maneras de preparación y uso de las plantas medicinales, solo que cada una con sus propias técnicas, beneficios y precauciones.

A continuación, voy a presentarte brevemente una diversidad de formas muy comunes para utilizarlas, desde infusiones y decocciones, usadas para preparar bebidas a base de plantas, hasta cataplasmas y ungüentos, pensadas para aplicarse sobre la piel. Así mismo, te comentaré sobre su uso en tinturas y aceites esenciales, formas concentradas de plantas medicinales que tienen una variedad de aplicaciones.

El objetivo de esta sección es proporcionarte una comprensión básica de estas prácticas para que puedas tomar decisiones bien claras e informadas sobre cómo incorporar estas increíbles materias naturales a tu vida diaria.

Infusiones

Son una de las formas más comunes y sencillas de usar las plantas medicinales. Esencialmente, una infusión es una bebida que se hace al verter agua caliente sobre las partes de la planta (hojas, flores o semillas) y dejar que repose durante unos minutos, entre 5 y 15 minutos, a fin de que el líquido se concentre.

Este método es particularmente útil para extraer los componentes medicinales mediante el reposo de las plantas en agua. Los flavonoides y los taninos son algunos de esas propiedades procedentes de plantas como la manzanilla que relaja y mejora la digestión o el té verde que cuenta con propiedades antioxidantes.

Decocciones

Es una forma de preparación de las plantas medicinales que es similar a las infusiones, aunque se utiliza para extraer los componentes medicinales de las partes más duras de la planta, tales como la corteza, las raíces o los tallos. Esto se hace hirviendo esas partes de la planta en agua durante un período de tiempo más largo, generalmente, entre 15 y 30 minutos.

Este método es una excelente manera de aprovechar plantas como el sello de oro que tiene propiedades antibacterianas o la raíz de valeriana que promueve el sueño y la relajación.

Cataplasmas

Es una forma de aplicación tópica. Se prepara machacando o triturando la planta hasta obtener una pasta que luego se aplicará de manera epidérmica. A menudo, esta pasta se coloca entre dos paños a fin de evitar que la mezcla entre en contacto directo con la piel.

Las cataplasmas se utilizan para tratar una variedad de condiciones de la piel, desde heridas y quemaduras hasta eczemas y otras irritaciones. Por ejemplo, una cataplasma de caléndula acelera la curación de las heridas y reduce la inflamación.

Es importante recordar que algunas plantas causan reacciones alérgicas en la piel, por lo que se recomienda hacer una prueba de parche antes de usar una cataplasma, para ayudar a determinar si es alérgico a una sustancia especifica. Además, nunca se debe aplicar una cataplasma a una herida abierta sin la supervisión de un profesional de la salud.

Ungüentos

Se elaboran mezclando partes de la planta con una base grasa. Esta pueda ser la cera de abejas o el aceite de coco. La base permitirá que los componentes medicinales de la planta se infundan y pueda ser absorbido por la piel.

Son útiles para tratar una variedad de condiciones epidérmicas, desde heridas y quemaduras hasta eczemas y psoriasis. Por ejemplo, un ungüento de consuelda acelera la curación de las heridas, mientras que un ungüento de caléndula reduce la inflamación y la irritación de la piel.

Tinturas

Son una forma concentrada de preparación que se hace extrayendo los componentes medicinales de la planta en alcohol. Puede consumirse oralmente al diluirse en agua o externamente aplicándose sobre la piel. Esta preparación tiene características que otras no tienen.
En primer lugar, son muy concentradas, lo que significa que una pequeña cantidad es muy potente. En segundo lugar, tienen una vida útil más larga que las infusiones o decocciones, lo que la

convierte en una forma conveniente para usar las plantas medicinales para aquellos que toman viajes largos o están fuera de casa por varias horas.

Un ejemplo de tintura podría aplicarse a la equinácea, utilizada para fortalecer el sistema inmunológico y prevenir los resfriados. Debido a su potencia, las tinturas deben ser utilizadas con precaución. Por tanto, es importante seguir las instrucciones de dosificación y consultar a un profesional de la salud antes de utilizarlas.

Aceites esenciales

Estos son extractos altamente concentrados que se obtienen a través de un proceso de destilación. Se utilizan de varias formas. Se pueden inhalar, aplicar de manera tópica y, en algunos casos, ingerirse, y tienen una variedad de usos dependiendo de la planta de la que se deriven. Por ejemplo, el aceite esencial de lavanda es conocido por sus propiedades relajantes y a menudo se utiliza para promover el sueño y reducir el estrés. El aceite esencial de eucalipto alivia la congestión y es comúnmente utilizado para el tratamiento de resfriados y gripes.

Es importante recordar que los aceites esenciales son muy potentes y deben ser utilizados con precaución. Nunca deben ser aplicados directamente sobre la piel sin antes ser diluidos en un aceite portador, y siempre es una buena idea consultar a un profesional de la salud antes de utilizarlos.

Cada una de estas formas de utilizar y procesar las plantas medicinales tiene sus propias ventajas y precauciones, así que su elección será dependiendo de la planta y lo que se quiera tratar. Recuerda siempre respetar las plantas y su poder, y además consultar a un profesional de la salud antes de comenzar cualquier nuevo régimen de salud basado.

Beneficios y precauciones en el uso de plantas medicinales

Beneficios:

Primero me concentraré en los beneficios básicos en los que te presentaré. Remedios naturales basados en plantas con las propiedades esenciales para aliviar y curar distintas afecciones.

Salud natural

Las plantas medicinales son generalmente más suaves para el cuerpo. Cuando se utilizan correctamente, ofrecen soluciones eficaces con un menor rango de efectos secundarios respecto a los medicamentos convencionales. Debido a que no produce reacciones adversas, en parte por ser naturales y en parte porque están avaladas por su uso tradicional. Por ejemplo, la manzanilla tiene un efecto calmante, alivian la ansiedad y el insomnio. Por su parte, la cúrcuma posee propiedades antiinflamatorias y antioxidantes que son útiles para la prevención de enfermedades crónicas.

A diferencia de los medicamentos farmacéuticos, las plantas medicinales están compuesto de sustancias naturales, que ayuda en el proceso de curación del propio cuerpo y apoyan los sistemas corporales en lugar de simplemente tratar los síntomas. Por ejemplo, muchas plantas medicinales respaldan la función del sistema inmunológico al ayudar al cuerpo a luchar contra enfermedades e infecciones de manera más eficiente.

Las plantas medicinales ofrecen una alternativa asequible respecto a los medicamentos costosos. Muchas hierbas medicinales se cultivan en casa o se recolectan de la naturaleza, lo que impulsa un buen impacto al ecosistema y genera un ahorro económico.

Prevenir y tratar enfermedades

Las plantas medicinales han sido utilizadas por siglos en todo el mundo para prevenir y combatir enfermedades y afecciones, desde resfriados comunes hasta gripes, trastornos del sueño y problemas digestivos, y además ofrecen una gran cantidad de beneficios para la salud.

Por ejemplo, la equinácea ha sido utilizada por los nativos americanos para aumentar la inmunidad y prevenir los resfriados. La valeriana ha sido utilizada desde los tiempos del Imperio romano y es conocida por su capacidad para ayudar a promover el sueño y reducir la ansiedad.

Muchas plantas medicinales contienen compuestos bioactivos que combaten las bacterias, virus y parásitos. Por ejemplo, la hierba de San Juan ha demostrado poseer propiedades antivirales y antibacterianas. De manera similar, la menta es conocida por sus propiedades antibacterianas y antivirales gracias a su contenido de mentol.

Las plantas medicinales pueden ser útiles también en el tratamiento de enfermedades crónicas como la diabetes, la enfermedad cardíaca y el cáncer. Por ejemplo, la canela se ha utilizado en la medicina tradicional para ayudar a regular el azúcar en la sangre y es de gran ayuda para el manejo de la diabetes tipo 2.

Variedad de usos

La versatilidad en el uso de las plantas medicinales es una de sus características principales. Dependiendo de la planta y la condición o mal que se esté tratando, son utilizadas de una variedad de formas.

Como ya he explicado en el apartado anterior, pueden usarse en forma de infusiones o tés, siendo el modo de uso más común y práctico de preparar y consumir a lo largo del día. La decocción o el método de hervir las plantas en agua es útil para extraer compuestos medicinales de plantas más duras como las raíces y las cortezas. Está también la tintura que es una preparación concentrada de las plantas medicinales que se deben tomar en pequeñas dosis.

Se pueden aplicar tópicamente en la piel mediante cataplasmas, siendo usados como aceites o ungüentos. Por último, algunas plantas, tales como la lavanda y el eucalipto, se utilizan como aceites esenciales para la aromaterapia.

Fomentar la autonomía de la salud

El uso de plantas medicinales previene y ayuda a mantener un mejor control sobre la salud. Aprender a identificarlas, cultivarlas y prepararlas es una experiencia enriquecedora y empoderadora. Con el conocimiento adecuado, podrás tener la capacidad de tomar medidas proactivas para mantener y mejorar tu salud utilizando los recursos que la naturaleza te proporciona.

Puedes cultivar tus propias plantas medicinales generando una mayor conexión con la tierra y la naturaleza. Esto tiene beneficios adicionales para la salud mental y el bienestar general, como reducir el estrés y promover la atención plena.

Ahora que ya conoces los beneficios y la variedad de sus usos, estás listo para conocer las precauciones que debes tener en cuenta a la hora de usar las plantas para elaborar y consumir tus remedios naturales.

Precauciones:

Interacciones con medicamentos

Una precaución importante al utilizar plantas para remedios es la posibilidad de hacer una interacción o mezclarlo con medicamentos químicos. Al igual que esos medicamentos, las plantas ya de por sí contienen compuestos bioactivos de los que ya te he hablado, lo que podría incrementar la dosificación y perjudicar a la persona que lo usa o ingiere.

Estas interacciones se dan comúnmente en específicas situaciones. Por ejemplo, es habitual que muchas personas que asisten a la hierba de San Juan combinen su uso con una serie de medicamentos, incluyendo antidepresivos, anticonceptivos y anticoagulantes, reduciendo su efectividad, generando un impacto negativo y severo en la persona a causa de la alta potencia que estaría recibiendo de esa mezcla.

En otros casos, las plantas medicinales aumentan el riesgo de sus efectos secundarios cuando se toman junto con ciertos medicamentos. Por ejemplo, el ginkgo que se utiliza a menudo para mejorar la memoria incrementa el riesgo de sangrado cuando se asiste junto a anticoagulantes.

Por eso es muy importante consultar al médico para así tener control y revisión de los tratamientos farmacológicos. Conocer estas interacciones y orientar al paciente mejorará la atención farmacéutica y la seguridad del tratamiento.

Efectos secundarios

Aunque generalmente no existe algún riesgo de uso o consumo cuando las plantas medicinales se utilizan de manera apropiada, estas a veces causan efectos secundarios en algunas personas si no se tienen precauciones al usarlas y consumirlas. En efecto, esos malestares podrían variar dependiendo de la planta y la persona.

Por ejemplo, algunas plantas medicinales provocan malestares estomacales, náuseas o diarrea. Esto ocasionalmente sucede para cuando se ha digerido en grandes dosis el remedio. Otras causan reacciones alérgicas, erupciones cutáneas leves o una reacción anafiláctica grave.

Es por esa razón que siempre se recomienda lo importante que es empezar con una dosis pequeña cuando se utiliza o consume una nueva planta medicinal y prestar mucha atención a cómo tu cuerpo reacciona. Si experimentas cualquier efecto secundario, es importante dejar de usar la planta y hablar con un profesional de la salud.

Autodiagnóstico y tratamiento

Una de las mayores precauciones al utilizar plantas medicinales es evitar el autodiagnóstico e incluirlas como para del tratamiento a condiciones médicas graves. Si bien las plantas medicinales son herramientas útiles para apoyar la salud y el bienestar general, no son un sustituto para la atención médica profesional. Si tienes una condición de salud persistente o grave, es crucial buscar atención médica.

Además, aunque sean útiles para el manejo de los síntomas de algunas condiciones, no siempre curan la causa que originó la condición. Por lo tanto, es importante utilizar las plantas medicinales como parte de un enfoque integral de atención de la salud, en lugar de como una solución única.

***

Al explorar el maravilloso mundo de las plantas medicinales, has desbloqueado un vasto depósito de sabiduría ancestral. Hasta este punto, has aprendido sobre sus características, principios activos, categorías, formas de utilización y los numerosos beneficios que generan, así como las precauciones esenciales que debes considerar antes de asistirlas. Este entendimiento crea un pilar sólido importante y necesario para emprender tu camino hacia el bienestar holístico y la autonomía en la salud.

Pero aún queda mucho por descubrir. Como has leído, las plantas medicinales son un tesoro de la naturaleza que ofrece una variedad infinita de formas para mejorar nuestra salud y bienestar. El próximo capítulo, "Hierbas curativas para combatir enfermedades", te llevará a un escenario más complejo, proporcionándote herramientas valiosas y prácticas para adoptar a tu vida diaria.

Exploraremos una variedad de hierbas curativas específicas, aprenderemos a cómo usarlas para combatir una amplia gama de enfermedades y condiciones de salud. Desde problemas comunes como el resfriado y la gripe hasta afecciones crónicas más serias, las hierbas medicinales generarán un increíble fortalecimiento en beneficio a nuestro cuerpo al punto de fomentar la curación de males.

Si bien es esencial tener precaución y considerar una guía profesional, el apoyo que ejerce el poder de las plantas medicinales a nuestra salud es realmente inspirador. Así que te invito a seguir adelante y abrir tu mente y corazón a la sabiduría que la naturaleza tiene para ofrecer. Recuerda, este es tu viaje, y cada paso te lleva más cerca de un estilo de vida saludable y equilibrado.

Entonces, ¿estás listo para continuar este viaje? Si la respuesta es sí, te invito a pasar a la siguiente página.

2

Hierbas curativas para combatir enfermedades

El increíble y diverso mundo de las plantas medicinales tiene mucho que ofrecer para aquellos que buscan mejorar su salud y bienestar. Hasta ahora hemos explorado su historia, características, los principios activos que contienen y cómo se categorizan y utilizan. Ahora, en el presente capítulo, nos centraremos en las hierbas curativas específicas y en cómo ayudan a combatir diversas enfermedades.

El propósito será proporcionarte un conocimiento profundo y detallado de estas hierbas medicinales seleccionadas. Para cada hierba te presentaré sus propiedades, beneficios y los trastornos o enfermedades para las que se utilizan comúnmente. Aunque se discutirán algunas aplicaciones generales, el foco principal estará en entender cómo estas hierbas funcionan y por qué se han convertido en soluciones confiables y apreciadas en el campo de la medicina herbal.

Si bien las hierbas medicinales tienen mucho que ofrecer, estas no son un sustituto para la atención médica profesional en casos de enfermedades graves o persistentes. La información que compartiré es para ayudarte a que amplíes tus conocimientos cuando se trata de mantenerte sano y prevenir enfermedades, siempre con una visión responsable y aportando respeto hacia tu cuerpo y sus necesidades.

Cada hierba tiene su propia personalidad y conjunto único de beneficios. Conocerlas te permitirá apreciarlas y utilizarlas con más eficacia. Este no es solo un proceso de acumulación de conocimientos, sino también una oportunidad para desarrollar una relación con estas plantas y aprender a trabajar con ellas en armonía.

Manzanilla (matricaria recutita)

Es una planta perenne (que viven más de dos años) de la familia de las asteráceas originaria de Europa. Es apreciada por sus flores parecidas a las margaritas que son las que contienen sus propiedades medicinales.

Propiedades

Es rica en numerosos antioxidantes y compuestos antiinflamatorios. Destaca la apigenina, un flavonoide con potentes propiedades antiinflamatorias y anticancerígenas. Además, el bisabolol, otro componente importante que posee efectos antimicrobianos y antifúngicos.

Beneficios

Se le reconoce por su efecto calmante y relajante. Reduce la ansiedad y estimula el buen descanso. Además, es útil para aliviar problemas digestivos como la indigestión o la acidez estomacal. La manzanilla también alivia la inflamación de la piel y ayuda a tratar heridas y quemaduras leves.

Uso en trastornos o enfermedades

Se ha utilizado durante siglos como remedio natural para el insomnio y otros problemas de sueño. También se utiliza para tratar problemas digestivos como el síndrome del intestino irritable o las úlceras estomacales. Además, es útil en el tratamiento de afecciones de la piel, tales como el eccema, las picaduras de insectos o las quemaduras leves. Por último, la manzanilla se utiliza también para enjuagues bucales, aliviar las molestias bucales y mejorar la salud bucal.

Aloe Vera (aloe barbadensis miller)

 Es una planta suculenta de la familia de las asphodelaceae originaria de la península arábiga. Es ampliamente conocida y utilizada en todo el mundo por sus propiedades medicinales.

Propiedades

Rico en vitaminas, minerales, aminoácidos y antioxidantes. Contiene compuestos como la aloína que tiene propiedades antiinflamatorias y la acemanana que fortalece el sistema inmunológico y tiene efectos antivirales.

Beneficios

Es ampliamente conocido por sus propiedades hidratantes y curativas en la piel. Es beneficioso para tratar quemaduras, heridas y diversas afecciones epidérmicas. Además, fortalece el sistema inmunológico y ayuda en la digestión.

Uso en trastornos o enfermedades

El aloe vera se utiliza en la dermatología para tratar una variedad de afecciones de la piel, tales como quemaduras, acné, psoriasis y dermatitis. También se utiliza para fortalecer el sistema inmunológico, especialmente en personas con sistemas inmunes comprometidos. Además, el aloe vera se utiliza en medicina tradicional para aliviar la indigestión y mejorar la salud intestinal.

Ajo (allium sativum)

Es una planta perenne que pertenece a la familia de las amaryllidaceae. Es conocido por su bulbo compuesto de "dientes". Se ha cultivado durante miles de años para usos en la cocina y por sus propiedades medicinales.

Propiedades

Tiene un alto contenido de compuestos azufrados como la alicina que tiene propiedades antibióticas y antifúngicas. También es rico en vitaminas C y B6, así como en minerales como el selenio que es esencial para la función inmunológica.

Beneficios

Cuenta con beneficios para la salud del sistema inmunológico. Combate infecciones comunes como el resfriado y reduce el riesgo de enfermedades crónicas como las enfermedades al corazón. Además, mejora la salud intestinal y disminuye la presión arterial.

Uso en trastornos o enfermedades

Se ha utilizado durante siglos para fortalecer el sistema inmunológico ayudando al cuerpo a combatir infecciones. También se utiliza en medicina tradicional para tratar la hipertensión, reducir el colesterol y mejorar la salud cardiovascular. Mejora la salud intestinal combatiendo infecciones bacterianas y fúngicas que invaden el sistema digestivo.

Cola de caballo (*equisetum arvense*)

Es una planta perenne de la familia equisetaceae. Es apreciada por su único tallo ramificado que recuerda a la cola de un caballo. Ha sido utilizada en la medicina tradicional durante siglos.

Propiedades

Tiene un alto contenido de minerales, especialmente de silicio que es esencial para la salud ósea. También es rica en antioxidantes, incluyendo fenólicos y flavonoides que ayudan a proteger el cuerpo contra los daños de los radicales libres.

Beneficios

Es famosa por sus propiedades diuréticas ayudando a eliminar el exceso de líquidos y toxinas del cuerpo. También fortalece los huesos gracias a su contenido de silicio y promueve la salud del cabello y las uñas.

Uso en trastornos o enfermedades

Se utiliza para tratar una variedad de condiciones, incluyendo infecciones urinarias como la cistitis debido a su acción diurética. También se utiliza para fortalecer los huesos en personas con osteoporosis o promover la salud del cabello y las uñas. Además, la cola de caballo es útil para la cicatrización de heridas y tratar afecciones de la piel como el eczema y la psoriasis.

Hipérico (hypericum perforatum)

Es otra planta perenne perteneciente a la familia hypericaceae. Este pequeño arbusto que posee flores amarillas distintivas ha sido valorado durante mucho tiempo por la medicina tradicional.

Propiedades

Contiene hipericina y hiperforina. Estos dos compuestos le otorgan al hipérico su potente actividad antidepresiva. Contiene una gran cantidad de antioxidantes que protegen el cuerpo contra los radicales libres.

Beneficios

Se usa para el tratamiento de la depresión leve a moderada. Se ha demostrado que mejora el estado de ánimo y reduce la ansiedad. Tiene propiedades antiinflamatorias y antimicrobianas.

Uso en trastornos o enfermedades

Es ideal principalmente para tratar trastornos del estado de ánimo como la depresión y la ansiedad. Sirve además para tratar las heridas gracias a sus propiedades antimicrobianas y antiinflamatorias. A pesar de sus bondades, su uso debe ser supervisado por un profesional de la salud, ya que interactúa con una serie de medicamentos.

Jengibre (zingiber officinale)

 Es una planta perenne de la familia zingiberaceae. Es más conocido por su rizoma o tallo subterráneo que se utiliza tanto en la cocina como en la medicina tradicional.

Propiedades

Rico en gingerol, un compuesto con propiedades antiinflamatorias y antioxidantes. También contiene shogaol que tiene efectos analgésicos y alivia el dolor.

Beneficios

Tiene la capacidad de aliviar las náuseas y los vómitos, incluyendo los asociados con el embarazo y la quimioterapia. Reduce la inflamación, mejora la digestión y alivia el dolor.

Uso en trastornos o enfermedades

Comúnmente usado para tratar las náuseas y vómitos, así como la dispepsia y la indigestión. Es útil para aliviar el dolor asociado con la artritis gracias a sus propiedades antiinflamatorias. Además, es eficaz para reducir los niveles de colesterol y mejorar la salud cardiovascular.

Tomillo (thymus vulgaris)

 Es un pequeño arbusto perenne de la familia lamiaceae. Apreciado por sus hojas pequeñas y aromáticas como por sus flores púrpura. Tiene uso en la cocina y en la medicina tradicional.

Propiedades

Beneficioso por su contenido de timol, un compuesto con potentes propiedades antibacterianas y antifúngicas. También es rico en vitamina C y una variedad de flavonoides antioxidantes, incluyendo apigenina, naringenina, luteolina y timonina.

Beneficios

Tiene un efecto expectorante, alivia la tos y los síntomas del resfriado. Tiene efectos beneficiosos sobre la digestión y sus propiedades antibacterianas combaten las infecciones.

Uso en trastornos o enfermedades

Se utiliza para aliviar los síntomas de las afecciones respiratorias como la bronquitis, la tos y el resfriado común. Trata la dispepsia y otras afecciones digestivas. Además, gracias a sus propiedades antibacterianas, el tomillo es un aporte al tratamiento de las infecciones de la piel.

Lavanda (lavandula angustifolia)

Es una planta perenne de la familia lamiaceae. Es apreciada por sus flores fragan-
tes de color púrpura que se utilizan para
una amplia gama de productos, desde ja-
bones y perfumes hasta tés y galletas.

Propiedades

Contiene linalool y linalyl acetato, dos compuestos que le otorgan
su aroma característico y tienen efectos calmantes y relajantes.
También es rica en antioxidantes que protegen el cuerpo contra los
daños de los radicales libres.

Beneficios

Sus propiedades calmantes y relajantes son de mucho beneficio. Mejora el sueño, reduce la ansiedad y alivia el estrés. Genera
efectos positivos sobre la salud de la piel, incluyendo la mejora de
la cicatrización de las heridas y la reducción de la inflamación.

Uso en trastornos o enfermedades

Perfecta para tratar problemas de sueño, ansiedad y estrés, las afecciones de la piel como el acné y las quemaduras gracias a sus propiedades antibacterianas y antiinflamatorias. Alivia el dolor de cabeza y la migraña, y trata la depresión.

Tila (tilia platyphyllos)

Es un árbol de la familia malvaceae. Sus flores se utilizan en la medicina tradicional, especialmente en forma de infusiones.

Propiedades

Su contenido en flavonoides la convierte en una planta medicinal. Posee propiedades antioxidantes, y en aceites esenciales como el eugenol y el farnesol, que tienen efectos calmantes y antiespasmódicos. Además, contiene mucílagos que tienen un efecto suavizante en las membranas mucosas.

Beneficios

Sus efectos calmantes y relajantes son sus más grandes beneficios al mejorar el sueño, reducir la ansiedad y aliviar el estrés. Tiene un efecto suavizante sobre el sistema digestivo, alivia las náuseas y los vómitos, y reduce los espasmos musculares.

Uso en trastornos o enfermedades

Ideal para tratar problemas de sueño, ansiedad y estrés, las náuseas, los vómitos y los espasmos musculares, especialmente cuando están relacionados con el estrés. Genera un efecto beneficioso sobre la salud del corazón, ya que se ha sugerido que reduce la presión arterial.

Diente de león (taraxacum officinale)

Es una planta perenne de la familia aste-raceae. Aunque a menudo se le considera una maleza, esta planta tiene una larga historia de uso en la medicina tradicional.

Propiedades

Es rico en vitaminas A, C y K, así como en minerales como el hierro, el calcio y el potasio. También contiene una variedad de compuestos antioxidantes que protegen el cuerpo contra los radicales libres.

Beneficios

Es conocido por sus efectos diuréticos, siendo de ayuda para eliminar el exceso de líquidos del cuerpo. Estimula la digestión y previene o trata los trastornos digestivos. Además, se ha sugerido que tiene efectos beneficiosos sobre la salud del hígado y la vesícula biliar.

Uso en trastornos o enfermedades

Se usa principalmente para tratar problemas digestivos como la indigestión, la hinchazón y la constipación. Es útil para las personas que retienen líquidos o sufren de infecciones del tracto urinario gracias a sus efectos diuréticos. A esto se suma que el diente de león es recomendado para las personas con problemas de hígado o vesícula biliar.

Mate (ilex paraguariensis)

Es un árbol de la familia aquifoliaceae originario de Sudamérica. Sus hojas se utilizan para preparar una bebida de consumo popular en varios países de su región origen.

Propiedades

Tiene un alto contenido en cafeína, lo que estimula al sistema nervioso central y mejora la concentración y la alerta mental. También es rico en antioxidantes, incluyendo polifenoles y saponinas, protegiendo el cuerpo contra los daños de los radicales libres.

Beneficios

Su efecto estimulante sobre el sistema nervioso es ideal para personas que realizan tareas de esfuerzo mental. También mejora la salud del corazón y el sistema circulatorio gracias a su contenido en antioxidantes. Regula el peso corporal y mejora el metabolismo de los lípidos.

Uso en trastornos o enfermedades

Su principal uso podría decirse que es para mejorar la concentración y la alerta mental, especialmente en situaciones que requieren de un alto nivel de atención. Es también asistido por personas que están tratando de perder peso o intentan mantener un peso saludable. Por último, es consumido por personas que sufren problemas cardiacos. Al tener un estimado contenido en antioxidantes, el mate frena esos males para ese tipo de personas.

Orégano (origanum vulgare)

 Es una planta perenne de la familia lamiaceae. Se utiliza ampliamente en la cocina, especialmente en la zona mediterránea, aunque también tiene una larga historia de uso en la medicina tradicional.

Propiedades

Contiene antioxidantes, incluyendo carvacrol, timol y rosmarinic ácido, los cuales protegen el cuerpo contra los daños de los radicales libres. También es conocido por su contenido en aceites esenciales con propiedades antimicrobianas.

Beneficios

Es reconocido por sus efectos beneficiosos sobre la salud del sistema digestivo. Ayuda a aliviar los trastornos digestivos y estimular la digestión. Combate las infecciones gracias a sus propiedades antimicrobianas. Además, su alto contenido en antioxidantes tiene un efecto protector sobre la salud del corazón y el sistema circulatorio.

Uso en trastornos o enfermedades

Se asiste para tratar los trastornos digestivos como la indigestión y la hinchazón. Contribuye al tratamiento de las infecciones, especialmente las del tracto respiratorio. Además, gracias a su contenido en antioxidantes, el orégano es recomendado para la salud del corazón y el sistema circulatorio.

Agave (agave americana)

Es una planta perenne de la familia asparagaceae originaria de México. Aunque es más conocida por ser la planta de la que se extrae el tequila, también tiene una larga historia en el uso medicinal.

Propiedades

Su alto contenido en saponinas y fructanos genera efectos beneficiosos sobre la salud. Las saponinas tienen propiedades antiinflamatorias, mientras que los fructanos actúan como prebióticos que favorecen la salud de la flora intestinal.

Beneficios

Es beneficio para la salud del sistema digestivo. Ayuda a aliviar los trastornos digestivos y favorece la salud de la flora intestinal. Tiene efectos antiinflamatorios y ayuda con el tratamiento de condiciones inflamatorias como la artritis.

Uso en trastornos o enfermedades

Generalmente, es asistido para los trastornos digestivos, tales como la indigestión, el estreñimiento y la diarrea. Es ideal para las personas que sufren de condiciones inflamatorias gracias a sus propiedades antiinflamatorias. Además, el agave brinda beneficios para la salud de la flora intestinal, previniendo o tratando los trastornos intestinales.

Arándano (vaccinium myrtillus)

Es un arbusto de la familia ericaceae. Su fruto es muy valorado tanto por su sabor como por sus propiedades medicinales.

Propiedades

Es rico en antioxidante, especialmente en antocianinas, lo que brinda protección al cuerpo contra los daños de los radicales libres. También contiene vitamina C y fibra, siendo altamente beneficiosa para la salud.

Beneficios

Tiene un efecto beneficioso sobre la salud del sistema cardio-vascular, ayudando a mantener la salud de los vasos sanguíneos y a reducir el riesgo de las enfermedades del corazón. Mejora la salud del sistema urinario, especialmente en personas que sufren de infecciones recurrentes del tracto urinario.

Uso en trastornos o enfermedades

Mejora la salud del sistema cardiovascular y urinario. Es recomendado para las personas que sufren de enfermedades del corazón o infecciones del tracto urinario. También se ha sugerido que el arándano brinda grandes beneficios a la salud de la vista, aunque todavía se necesita más investigación en esa área.

Ginseng (panax ginseng)

Es una planta perenne de la familia araliaceae. Es originaria de Asia y se ha utilizado en la medicina tradicional china durante siglos debido a sus amplias propiedades saludables.

Propiedades

Conocido por su contenido en ginsenósidos, compuestos que se cree son responsables de la mayoría de sus beneficios para la salud. Estos incluyen propiedades adaptogénicas que ayudan al cuerpo a adaptarse al estrés. Adicionalmente, cuenta con propiedades antiinflamatorias.

Beneficios

Mejora la función mental y la memoria, reduce la fatiga, mejora el sistema inmunológico y tiene potencial para mejorar los síntomas de la disfunción eréctil. Beneficia la salud del corazón y el sistema circulatorio, y además regula el azúcar en la sangre.

Uso en trastornos o enfermedades

Se usa para mejorar la función mental y reducir la fatiga. Es recomendado para personas que sufren de disfunción eréctil, así como para personas con problemas cardíacos o del sistema circulatorio.

Apio (apium graveolens)

Es una planta de la familia apiaceae. Aunque es más conocido por su uso en la cocina, también posee esta planta una larga historia en la medicina tradicional.

Propiedades

Su alto contenido en antioxidantes, incluyendo flavonoides y vitamina C, ayudan a proteger el cuerpo contra los daños de los radicales libres. También es rico en fibra y tiene un alto contenido en agua, capaz de generar beneficios para la salud del sistema digestivo.

Beneficios

Tiene un efecto beneficioso sobre la salud del sistema cardiovascular, ayudando a mantener la salud de los vasos sanguíneos y reduciendo el riesgo de enfermedades del corazón. Mejora la salud del sistema digestivo, alivia la hinchazón y el estreñimiento, y tiene un efecto diurético, creando una buena función del sistema urinario.

Uso en trastornos o enfermedades

Se utiliza para mejorar la salud del sistema cardiovascular y el sistema digestivo. Es ideal para las personas que sufren de retención de líquidos que son solucionados por su efecto diurético. Además, gracias a su contenido en antioxidantes, el apio también se recomienda para la salud del sistema inmunológico.

Hinojo (foeniculum vulgare)

Es una planta de la familia apiaceae. Se encuentra en regiones templadas de todo el mundo y es conocido tanto por su uso en la cocina como por sus propiedades medicinales.

Propiedades

Tiene compuestos volátiles como el anetol, lo que le da su característico aroma a anís. Además, contiene flavonoides y vitaminas A, C y E. Estos compuestos le confieren al hinojo propiedades antioxidantes, antiinflamatorias y digestivas.

Beneficios

Se ha utilizado tradicionalmente para tratar problemas digestivos como la hinchazón, los gases, la indigestión y el estreñimiento. Tiene un efecto positivo sobre la salud de las vías respiratorias, ayudando a aliviar los síntomas de las afecciones respiratorias como la tos y el asma.

Uso en trastornos o enfermedades

Ideal para tratar los trastornos digestivos y respiratorios. Es también asistido para mejorar la salud de la piel, aunque aún se necesita más investigación en esa área.

Valeriana (valeriana officinalis)

Es una planta perteneciente a la familia caprifoliaceae. Es originaria de Europa y Asia, y ha sido utilizada en la medicina tradicional durante siglos debido a sus propiedades calmantes.

Propiedades

Se le conoce por su contenido en valepotriatos y ácido valérenico, las que poseen propiedades que funcionan como sedantes y calmantes. Además, contiene antioxidantes aumentando los beneficios para la salud.

Beneficios

Tiene efectos calmantes. Se utiliza comúnmente para reducir el estrés, la ansiedad y promover un buen sueño. Estimula un efecto beneficioso sobre la salud del sistema nervioso.

Uso en trastornos o enfermedades

Utilizado para reducir el estrés, la ansiedad y promover un buen sueño. Se recomienda para las personas que sufren de trastornos del sueño como el insomnio. Además, gracias a sus propiedades calmantes, la valeriana sirve como tratamiento de condiciones nerviosas.

Hierbabuena (*mentha spicata*)

Es una planta de la familia lamiaceae. Es nativa de Europa, pero ahora puede encontrarse en distintas partes del mundo. Se utiliza tanto en la cocina como en la medicina natural por su sabor refrescante y sus beneficios para la salud.

Propiedades

Tiene una variedad de compuestos bioactivos, incluyendo mentol que le da su característico aroma y sabor refrescante. Además, es una excelente fuente de vitaminas y minerales, incluyendo la vitamina A, C y hierro.

Beneficios

Brinda una serie de beneficios para la salud, incluyendo la mejora de la digestión, el alivio de dolores de cabeza y migrañas, la reducción del estrés y la ansiedad, y la mejora de la salud dental. Tiene propiedades antimicrobianas y antioxidantes.

Uso en trastornos o enfermedades

Se utiliza comúnmente para tratar trastornos digestivos, incluyendo la indigestión, gases y náuseas. Alivia los síntomas de afecciones respiratorias, incluyendo resfriados y tos.

Albahaca (ocimum basilicum)

 Es una planta de la familia lamiaceae originaria de Asia y África. Se utiliza en muchas cocinas del mundo por su sabor distintivo y en la medicina tradicional por sus beneficios para la salud.

Propiedades

Es rica por su variedad de compuestos bioactivos, incluyendo el eugenol que le da su característico aroma y sabor. Además, es una excelente fuente de vitamina K y contiene vitamina A, hierro y manganeso.

Beneficios

Posee propiedades antiinflamatorias y antibacterianas, aportando una mejora en la salud cardiovascular, la promoción de la salud mental y salud de la piel y el cabello. Cuenta además con propiedades antioxidantes y anticancerígenas.

Uso en trastornos o enfermedades

Usado para el tratamiento de trastornos digestivos como la indigestión y los gases. Trata la salud cardiovascular, mental, la piel y el cabello. Además, puede servir como medicina para las células cancerígenas, aunque aún se necesita más investigación en ese campo.

Salvia (salvia officinalis)

Es una planta de la familia lamiaceae originaria del Mediterráneo. Se utiliza tanto en la cocina como en la medicina tradicional por su sabor y sus beneficios para la salud.

Propiedades

Contiene una variedad de compuestos bioactivos, incluyendo el ácido rosmarínico que tiene propiedades antioxidantes y antiinflamatorias. Además, contiene vitamina K, B6, calcio y hierro.

Beneficios

Aporta una serie de beneficios para la salud, incluyendo la mejora de la memoria y la cognición, la reducción de los síntomas de la menopausia, la mejora de la salud oral y la prevención de enfermedades crónicas. Tiene propiedades antimicrobianas y antioxidantes.

Uso en trastornos o enfermedades

Se usa para aliviar los síntomas de la menopausia como los sofocos y los sudores nocturnos. Se asiste para la salud cerebral, ayudando a mejorar la memoria y la cognición. De igual forma, contribuye a la mejora de la salud oral y previene enfermedades crónicas como el cáncer y la enfermedad cardíaca.

Romero (rosmarinus officinalis)

 Es una planta de la familia lamiaceae. Es nativa de la región mediterránea y es muy apreciada tanto en la cocina como en la medicina natural por su aroma y sus beneficios para la salud.

Propiedades

Tiene una variedad de compuestos bioactivos, incluyendo el ácido rosmarínico, el carnosol y el eucaliptol. Estos compuestos le confieren al romero propiedades antioxidantes, antiinflamatorias y antimicrobianas.

Beneficios

Genera grandes beneficios para la salud, incluyendo la mejora de la memoria y la concentración, la reducción del estrés y la ansiedad, la mejora de la digestión y la promoción de la salud del cabello y la piel.

Uso en trastornos o enfermedades

Ideal para tratar trastornos digestivos como la indigestión y el estreñimiento. Es beneficioso para la salud cerebral al ayudar a mejorar la memoria y la concentración. Es usado también como calmante para personas con ansiedad y estrés. Promueve la salud del cabello y la piel.

Jasmín (jasminum officinale)

Es una planta de la familia oleaceae de origen asiático. Es muy apreciada tanto en el campo de la perfumería como en la medicina natural a causa de su fragancia y sus beneficios para la salud.

Propiedades

Rico en una variedad de compuestos bioactivos, incluyendo linalool que le otorga su característico aroma floral. Además, contiene antioxidantes y cuenta con propiedades antiespasmódicas y sedativas.

Beneficios

Brinda varios beneficios a la salud como la mejora del estado de ánimo, la promoción del sueño, la reducción de la ansiedad y la mejora de la salud de la piel. Contiene propiedades antimicrobianas y antioxidantes.

Uso en trastornos o enfermedades

Se emplea para mejorar el estado de ánimo y reducir los niveles de estrés y ansiedad. Es beneficioso para promover un sueño saludable y mejorar la salud de la piel. Al contar con propiedades antiespasmódicas, es perfecto para tratar afecciones que involucran espasmos como el síndrome del intestino irritable.

Alcachofa (*cynara scolymus*)

Es una planta de la familia asteraceae originaria del Mediterráneo. Es valorada tanto en la cocina como en la medicina natural por sus beneficios para la salud.

Propiedades

Posee una variedad de compuestos bioactivos como la cinarina, que se encuentran en las hojas de la alcachofa. Es una sustancia que tiene propiedades antioxidantes y nos ayuda a depurar el hígado. También es una excelente fuente de fibra y contiene vitamina C, K, folato y magnesio.

Beneficios

Tiene una serie de beneficios para la salud que incluyen la promoción de la salud del hígado, la mejora de la digestión, la reducción del colesterol y la promoción de la pérdida de peso.

Uso en trastornos o enfermedades

Se utiliza para tratar trastornos del hígado, la vesícula biliar y mejoras de la digestión. Reduce los niveles de colesterol y promueve la pérdida de peso gracias a su contenido de fibra y a su capacidad para inhibir la síntesis de colesterol. Se compone también de propiedades antioxidantes y antiinflamatorias.

Amapola (papaver rhoeas)

Es una planta de la familia papaveraceae. Es una vegetación silvestre común que se encuentra en muchos lugares del mundo, incluyendo Europa, Asia y América del Norte.

Propiedades

La amapola es rica en varios compuestos bioactivos, incluyendo alcaloides como la rhoeadina que tiene propiedades sedantes y analgésicas. Además, contiene antioxidantes y ácidos grasos esenciales.

Beneficios

Aporta beneficios para la salud, incluyendo la mejora del sueño, la reducción del estrés y la ansiedad, y la prevención de enfermedades cardiovasculares. También se ha sugerido que tiene propiedades antioxidantes y antiinflamatorias.

Uso en trastornos o enfermedades

Utilizada para mejorar el sueño y reducir el estrés y la ansiedad. Además, gracias a su contenido en ácidos grasos esenciales, se usa para prevenir enfermedades cardiovasculares como la hipertensión y la aterosclerosis.

Perejil (petroselinum crispum)

Es una planta de la familia apiaceae originaria del Mediterráneo. Se utiliza comúnmente tanto en la cocina como en la medicina natural por su sabor y sus beneficios para la salud.

Propiedades

Es rico en una variedad de compuestos bioactivos, incluyendo flavonoides como la luteolina que tiene propiedades antioxidantes y antiinflamatorias. También es una excelente fuente de vitamina K, C, A y hierro.

Beneficios

Brinda una serie de beneficios para la salud, incluyendo la promoción de huesos fuertes, el fortalecimiento del sistema inmunológico, la mejora de la salud del corazón y la prevención de enfermedades crónicas.

Uso en trastornos o enfermedades

Su uso es frecuente para fortalecer el sistema inmunológico y promover la salud de los huesos debido a su alto contenido de vitamina K y C. Reduce la presión arterial y previene la aterosclerosis.

Menta (mentha piperita)

Es una planta de la familia lamiaceae. Esta vegetación perenne es nativa de Europa y Asia, aunque es ampliamente cultivada en todo el mundo debido a su aroma refrescante y sus numerosos beneficios para la salud.

Propiedades

Tiene compuestos bioactivos, en particular el mentol que le otorga su característico aroma y sabor refrescante. También es una buena fuente de antioxidantes y tiene propiedades antibacterianas, antivirales y antiinflamatorias.

Beneficios

Posee muchos beneficios a la salud. Alivia el dolor de cabeza, mejora la digestión, alivia los síntomas del resfriado y la gripe, y reduce el estrés y la ansiedad. Asimismo, apacigua los síntomas del síndrome del intestino irritable, incluyendo los gases y calambres.

Uso en trastornos o enfermedades

Perfecta para aliviar los gases y problemas digestivos gracias a sus propiedades carminativas. Alivia el dolor de cabeza y los síntomas del resfriado y la gripe, además de reducir el estrés y la ansiedad.

Boldo (peumus boldus)

Es una planta de la familia monimiaceae originaria de Chile apreciada tanto en la medicina tradicional como en la fitoterapia gracias a sus beneficios para la salud.

Propiedades

Esta planta es rica en compuestos bioactivos, incluyendo alcaloides como la boldina, la cual tiene propiedades antioxidantes, antiinflamatorias y hepatoprotectoras. También contiene flavonoides y otros antioxidantes.

Beneficios

Provoca varios beneficios para la salud, incluyendo la mejora de la salud del hígado, la promoción de la digestión, la reducción del estrés y la ansiedad, así como la prevención contra enfermedades crónicas.

Uso en trastornos o enfermedades

Es usado mayormente para tratar trastornos del hígado y el sistema digestivo debido a sus propiedades hepatoprotectoras y digestivas. Reduce el estrés y la ansiedad, y también ayuda a prevenir enfermedades crónicas gracias a su contenido de antioxidantes.

Eucalipto (eucalyptus globulus)

Es un árbol perteneciente a la familia de las mirtáceas originario de Australia, aunque se cultiva en muchas partes del mundo por su madera, su aceite esencial y sus propiedades medicinales.

Propiedades

El eucalipto tiene cineol o eucaliptol, compuesto que tiene potentes propiedades antisépticas, antibacterianas, antivirales y expectorantes. También es una buena fuente de antioxidantes.

Beneficios

Tiene muchos beneficios para la salud, entre los que se incluyen la mejora de la salud respiratoria, el alivio contra la tos, los síntomas del resfriado, la gripe y la reducción del dolor y la inflamación.

Uso en trastornos o enfermedades

Sirve para tratar trastornos respiratorios, incluyendo el asma, la bronquitis y la tos. También sirve para aliviar el dolor y la inflamación gracias a sus propiedades analgésicas y antiinflamatorias.

Cúrcuma (curcuma longa)

 Es una planta de la familia zingibera-ceae, la misma familia del jengibre. Es originaria de la India y el sudeste de Asia. Se cultiva por su rizoma que se utiliza tanto en la cocina como en la medicina.

Propiedades

Cuenta con curcumina compuesto que tiene potentes propiedades antioxidantes y antiinflamatorias. Posee además otros compuestos bioactivos y es una buena fuente de vitaminas y minerales.

Beneficios

Sus beneficios para la salud incluyen la reducción de la inflamación, la mejora de la salud cerebral, la prevención de enfermedades crónicas y la mejora de la digestión.

Uso en trastornos o enfermedades

La cúrcuma se utiliza comúnmente para tratar trastornos inflamatorios, incluyendo la artritis. Esto se debe gracias a su contenido en curcumina. Se usa para mejorar la salud cerebral, prevenir enfermedades crónicas y mejorar la digestión.

Melisa (melissa officinalis)

Conocida también como toronjil o bálsamo de limón. Esta es una planta perenne de la familia de las labiadas originaria del sur de Europa. Se utiliza tanto en la medicina como en la cocina por su agradable sabor y aroma a limón.

Propiedades

Tiene una variedad de compuestos activos que incluyen terpenos. Estos contribuyen a sus efectos antiespasmódicos y antivirales. Por otro lado, también cuenta con polifenoles que actúan como antioxidantes.

Beneficios

Entre sus beneficios se incluye la reducción del estrés y la ansiedad, ayuda a mejorar la calidad del sueño, alivia los trastornos digestivos y mejora de la función cognitiva.

Uso en trastornos o enfermedades

Es usado para tratar trastornos del sistema nervioso, tales como la ansiedad y el insomnio, así como trastornos digestivos, tales como la hinchazón y los cólicos.

Canela (cinnamomum verum)

Es una especia que se obtiene de la corteza interna de los árboles del género cinnamomum. Es muy apreciada en todo el mundo por su aroma distintivo y su sabor dulce.

Propiedades

Rica en compuestos antioxidantes, incluyendo polifenoles y flavonoides. También tiene propiedades antiinflamatorias, antimicrobianas y antidiabéticas.

Beneficios

Incluyen la mejora del control del azúcar en la sangre, la reducción de la inflamación, la prevención de enfermedades del corazón y la mejora de la función cerebral.

Uso en trastornos o enfermedades

Es recomendada para la dieta de personas con diabetes al ser capaz de controlar los niveles de azúcar en la sangre. También es recomendada para personas con problemas cardíacos y problemas cerebrales.

Alfalfa (medicago sativa)

Es una planta perenne que pertenece a la familia de las leguminosas. Es conocida por su resistencia y su rápido crecimiento, y valorada tanto por su alto valor nutricional como por sus propiedades medicinales.

Propiedades

Contiene numerosas vitaminas como la A, C, E, y varias del complejo B, así como minerales como el calcio, potasio, fósforo y hierro. También contiene proteínas, fibra dietética y una variedad de antioxidantes como los flavonoides.

Beneficios

Ayuda a promover la salud cardiovascular al reducir los niveles de colesterol gracias a su contenido de saponinas. Sus propiedades antioxidantes previenen el daño celular y reducen el riesgo contra diversas enfermedades crónicas. También es beneficiosa para la salud digestiva y alivia los trastornos del riñón y la vejiga.

Uso en trastornos o enfermedades

Se ha utilizado en el tratamiento de una amplia gama de enfermedades, desde trastornos digestivos hasta enfermedades autoinmunes como el lupus y la artritis reumatoide.

Enebro (juniperus communis)

Es un árbol perteneciente a la familia de las cipresáceas. Sus frutos conocidos como bayas de enebro han sido utilizados durante siglos en la medicina tradicional debido a sus propiedades curativas.

Propiedades

Las bayas de enebro contienen una variedad de compuestos bioactivos, incluyendo terpenos y flavonoides que tienen propiedades antiinflamatorias y antioxidantes.

Beneficios

Tiene diversos beneficios para la salud. Sus propiedades antioxidantes protegen a las células del cuerpo contra el daño de los radicales libres, de manera que sirve para prevenir enfermedades crónicas. Las bayas de enebro también poseen propiedades antiinflamatorias que reducen la inflamación y el dolor en condiciones como la artritis.

Uso en trastornos o enfermedades

Ha sido utilizado para tratar una serie de condiciones de la salud. Es asistido para aliviar infecciones del tracto urinario y promover la salud renal gracias a sus propiedades diuréticas. También ha sido útil en el tratamiento de afecciones digestivas como la indigestión y el gas.

Equinácea (echinacea purpurea)

Es una planta perenne nativa procedente de América del Norte. Es ampliamente reconocida en el mundo de la herbología por su capacidad para estimular el sistema inmunológico. Ha sido utilizada durante siglos por diversas culturas, desde los nativos americanos hasta los practicantes de la medicina moderna.

Propiedades

Es rica en compuestos activos como las alcamidas que poseen potentes propiedades antimicrobianas y polisacáridos que se sabe estimulan la actividad del sistema inmunológico. También contiene flavonoides que cuentan con propiedades antioxidantes.

Beneficios

Es capaz de aumentar la actividad de las células inmunes y reducir la duración de los resfriados y la gripe. Además, su contenido de antioxidantes protege las células del daño causado por los radicales libres.

Uso en trastornos o enfermedades

Es consumido para prevenir y tratar resfriados y gripe, así como para infecciones del tracto urinario. Además, la equinácea sirve para el tratamiento de heridas y quemaduras al reducir los efectos de la inflamación y promover la cicatrización.

***

Ahora que hemos explorado en detalle la multitud de hierbas curativas y sus beneficios para la salud, te invito a reflexionar sobre el poder que la naturaleza tiene para ofrecer en términos de bienestar y curación.

Cada una de estas hierbas posee su propia combinación de propiedades y beneficios. Varias de estas mejoran la digestión, fortalecen el sistema inmunológico, alivian el estrés e incluso previenen las enfermedades crónicas. Y lo mejor de todo es que estas hierbas son accesibles y asequibles y, si se usan correctamente, generan pocos o ningún efecto secundario.

Pero no debemos olvidar que, aunque las hierbas son increíblemente beneficiosas, no son una solución milagrosa y no deben usarse como sustituto de un estilo de vida saludable o una atención médica adecuada. Es importante recordar también que, aunque estas hierbas tienen beneficios probados, cada individuo es único y podría tener diferentes reacciones a las mismas plantas. Por lo tanto, siempre es aconsejable consultar a un profesional de la salud antes de comenzar cualquier tratamiento a base de hierbas.

Espero que este capítulo te haya brindado una visión valiosa de las hierbas curativas a fin de combatir una diversidad de enfermedades. Te insto a experimentar con estas hierbas e incorporarlas a tu rutina de bienestar. Recuerda que cada pequeño paso hacia una vida más saludable cuenta.

En el próximo capítulo nos centraremos en una parte específica de nuestro organismo que a menudo es olvidada, a pesar de ser un órgano fundamental para la buena función de nuestra salud general: los riñones. Exploraremos infusiones que depuran los riñones y promueven su salud.

Infusiones para depurar para los riñones

El cuidado de nuestros riñones es esencial para mantener un buen estado de salud general. Estos órganos desempeñan un papel crucial en la eliminación de toxinas y desechos de nuestro cuerpo, así como en la regulación de los niveles de electrolitos y la presión arterial. Por eso, cuando hablamos de bienestar, es importante incluir medidas que atiendan a la salud renal.

Las infusiones a base de plantas medicinales han sido durante siglos un recurso valioso en diversas culturas para apoyar y fortalecer el funcionamiento de los riñones. Su asistencia no se reduce a ser un remedio natural, sino también un método de prevención y mantenimiento de la salud.

En este capítulo, te presentaré una serie de infusiones que son especialmente beneficiosas para la depuración de los riñones.

No me cansaré de hacerte recordar que no deberás de depender únicamente de las bondades de este tipo de plantas para mantener, en este caso, tu salud renal de manera adecuada. No dejes de asistir y atender a los consejos médicos y tratamientos en caso de complicaciones renales graves.

Así que, sin más preámbulos, sumérgete en el fascinante mundo de las infusiones para depurar los riñones y descubre cómo estas preparaciones naturales mantienen tu cuerpo en un mejor estado. A continuación, presentaré las afecciones más comunes de los riñones y luego compartiré las infusiones que se recomiendan para tratar cada una de esas.

Infecciones del tracto urinario (ITU)

Estas son infecciones que ocurren en cualquier parte del sistema urinario. Las infusiones con propiedades diuréticas y antibacterianas son útiles para aliviar los síntomas y prevenir la recurrencia de este tipo de infecciones.

Antes de presentarte cuales son esos remedios que te ayudarán a aliviar los síntomas, quiero ayudarte a que puedas identificar qué tipo de afección es la que podrías estar padeciendo para que así puedas recurrir a las infusiones correctas.

La mayoría de las ITU se producen en la zona de la vejiga y la uretra, las cuales se ubican en las partes inferiores del tracto urinario.

Los síntomas de una infección del tracto urinario varían dependiendo de la zona del malestar y la gravedad de este. Ahora, hay algunos síntomas comunes que permiten identificar una ITU. Uno es el dolor o la sensación de ardor al orinar. Esta sensación es bastante intensa y es la primera señal de que algo no está bien. También es posible que sientas una necesidad frecuente y urgente de orinar, aunque a veces solo sea una pequeña cantidad o a pesar de que acabas de ir. En cierto punto, esta rutina se tornará muy incómoda.

Otro síntoma común es que la orina toma un aspecto u olor diferente al normal. Podría ser turbia o color oscuro y tener un olor fuerte. Existen algunos casos en que es posible observar presencia de sangre en la orina. Este es un síntoma más serio que debe llevar a buscar atención médica de inmediato.

Otros síntomas incluyen dolor en el abdomen, la espalda o los costados, especialmente en el área de los riñones. Este dolor varía de leve a severo, dependiendo la gravedad de la infección. También es probable experimentar fiebre y escalofríos, lo que indica que la infección se ha propagado a los riñones.

En los ancianos y los niños pequeños, los síntomas son más específicos. Por ejemplo, los ancianos experimentan confusión o desorientación, mientras que en los niños fiebre, vómitos o diarrea.

Aunque estos síntomas son indicativos de una ITU, es importante tomar en cuenta podrían ser efecto de otras afecciones. Por lo tanto, si experimentas alguno de los mencionados, es importante que te pongas en contacto con un profesional de la salud para ser evaluado y tratado adecuadamente.

Toma en cuenta que si no te tratas esas afecciones podrían generarte complicaciones más serias, tales como infecciones renales. A propósito de ello, es importante tomar medidas para prevenir estas infecciones siempre que sea posible. Esto incluye beber mucho líquido para ayudar a diluir la orina y limpiar el tracto urinario, evitar el uso de productos irritantes en el área genital y orinar inmediatamente después de las relaciones sexuales para ayudar a limpiar las bacterias.

Aunque es posible tratar las ITU mediante el consumo de antibióticos, también es útil conocer las diversas infusiones de hierbas que actúan contra esos síntomas y, en algunos casos, ayudan a prevenir la infección. No olvides que estas infusiones nunca deben ser utilizadas como un sustituto del tratamiento médico. Si sospechas que tienes una ITU, lo más importante es que no dejes de consultar a un especialista.

A continuación, te menciono las infusiones que te ayudarán contra una ITU.

Infusión de arándano

Ingredientes:

2 cucharadas de bayas de arándano secas

1 taza de agua

Preparación:

En una olla, pon el agua al fuego hasta un punto de ebullición. Una vez hervida el agua, añade las bayas de arándano secas, reduce el fuego y deja a fuego lento durante unos 15 minutos.

Cómo tomar:

Deja que se enfríe un poco y cuélala antes de beberla. Es recomendable consumir una taza al día, preferiblemente por la mañana.

Infusión de manzanilla

Ingredientes:

1 cucharadita de flores de manzanilla secas

1 taza de agua

Preparación:

Coloca agua al fuego. Cuando alcance el punto de ebullición, apaga el fuego y añade las flores de manzanilla. Deja reposar durante unos 10 minutos.

Cómo tomar:

Bebe esta infusión cuando aún esté caliente, preferiblemente antes de ir a dormir.

Infusión de diente de león

Ingredientes:

1 cucharadita de hojas de diente de león secas

1 taza de agua

Preparación:

Hierve agua en una olla, agrega las hojas de diente de león y deja que se cocine a fuego lento durante 10 minutos.

Cómo tomar:

Después de dejarlo reposar y enfriar un poco, cuélalo y bébelo. Se recomienda tomar esta infusión dos veces al día.

Infusión de uva ursi

Ingredientes:

1 cucharada de hojas de uva ursi secas

2 tazas de agua

Preparación:

Coloca las hojas de uva ursi en una tetera y añade agua hirviendo. Deja que la mezcla repose durante unos 15 minutos.

Cómo tomar:

Cuela la infusión antes de beberla. Lo ideal es tomarla una vez al día por la tarde.

Infusión de equinácea

Ingredientes:

1 cucharadita de raíces de equinácea secas

1 taza de agua

Preparación:

Calienta el agua hasta que alcance el punto de ebullición. Añade la equinácea, reduce el fuego y déjalo hervir a fuego lento durante unos 10 minutos.

Cómo tomar:

Permite que la infusión se enfríe un poco, cuélala y bébela. Toma esta infusión hasta tres veces al día.

Cálculos renales

También conocidos como piedras en los riñones, son depósitos duros que se forman en los riñones tras la acumulación de ciertos minerales y sales. Cuando los cálculos son demasiado grandes para pasar fácilmente a través del tracto urinario, estos causan una serie de síntomas molestos.

Uno de los primeros y más comunes síntomas de los cálculos renales es el dolor, llamado cólico renal. Esta es una molestia bastante intensa y, a menudo, se describe como uno de los dolores más fuertes que una persona con síntomas renales experimenta. La incomodidad comienza de repente en la espalda o el costado por debajo de las costillas. Se irradia en dirección al abdomen y la ingle y va aumentando su intensidad de malestar.

Además del dolor, hay una serie de otros síntomas que indican la presencia de cálculos renales. Estos incluyen la presencia de sangre en la orina. Esta puede ser en un tono rosado, marrón rojizo o incluso de color rojo intenso. Otros síntomas incluyen orinar con más frecuencia de lo habitual, dolor al orinar y orina que huele mal o parece nublada.

Los cálculos renales causan náuseas y vómitos. Esto se debe a que hay una estrecha relación entre los nervios que suministran a los riñones y el tracto gastrointestinal. Es decir, todo un dolor intenso en los riñones provoca a su vez una reacción en el tracto digestivo.

A partir de aquí, podemos darnos cuenta de que el cálculo renal es apenas el inicio del malestar de una persona. Por ejemplo, si un cálculo renal provoca una infección, experimentarás fiebre y escalofríos. Si el cálculo bloquea el flujo de orina, causa hinchazón del riñón afectado, lo que generará un dolor severo y, posiblemente, un daño renal.

Es importante saber que algunos cálculos renales no generan síntomas, especialmente si estos son pequeños. Estos podrían pasar a través del tracto urinario sin que te des cuenta. Sin embargo, los cálculos más grandes son los que causan un bloqueo y síntomas severos.

Existen varias formas de tratar los cálculos renales. Está mediante la asistencia de medicamentos, litotricia por ondas de choque y, en algunos casos, la cirugía. Sin embargo, también existen remedios a base de hierbas y suplementos que previenen la formación de cálculos renales y alivian algunos de los síntomas. De nuevo, es importante recordar que estos remedios no deben reemplazar la atención médica profesional, sino son un complemento útil al tratamiento.

Estas son las infusiones que te ayudarán:

Infusión de cola de caballo

Ingredientes:

1 cucharada de tallos de cola de caballo secos

1 taza de agua

Preparación:

Coloca el agua en un cazo y llévala al fuego hasta ebullición. Al hervir, incorpora los tallos de cola de caballo y disminuye el fuego.

Mantén la cocción durante 10 minutos.

Cómo tomar:

Deja reposar hasta que alcance una temperatura agradable, luego cuélala y tómala. Bebe hasta dos tazas al día, preferentemente en las mañanas y las tardes.

Infusión de perejil

Ingredientes:

1 cucharadita de hojas de perejil secas

1 taza de agua

Preparación:

En una olla, llena agua y coloca al fuego hasta alcanzar el punto de ebullición. Incorpora las hojas de perejil y apaga el fuego. Deja reposar durante 5 a 10 minutos.

Cómo tomar:

Cuela antes de beber. La infusión de perejil podría ser consumida hasta dos veces al día en las mañanas y las tardes.

Infusión de ortiga

Ingredientes:

1 cucharada de hojas de ortiga secas

1 taza de agua

Preparación:

Calienta el agua hasta que hierva. Añade las hojas de ortiga. Apaga el fuego y permite que la mezcla repose durante unos 10 minutos.

Cómo tomar:

Después de colar la infusión, disfrútala. Se sugiere tomar una taza al día, preferiblemente por la mañana.

Infusión de abedul

Ingredientes:

1 cucharadita de hojas de abedul secas

1 taza de agua

Preparación:

Pon el agua en una olla para que hierva. Cuando alcance el punto de ebullición, añade las hojas de abedul y deja hervir a fuego lento durante 10 minutos.

Cómo tomar:

Una vez reposada y colada, bebe esta infusión. Se recomienda tomar una taza por la mañana y otra por la tarde.

Infusión de romero

Ingredientes:

1 cucharadita de hojas de romero secas

1 taza de agua

Preparación:

En una olla, coloca agua y llévala al fuego hasta su ebullición. Añade las hojas de romero y luego apaga el fuego. Deja que repose durante 10 minutos.

Cómo tomar:

Cuela la infusión y disfrútala caliente. Consume esta infusión hasta dos veces al día.

Inflamación renal (nefritis)

Esta es una condición que causa inflamación en uno o ambos riñones resultado de varias afecciones. Puede ser causa de infecciones, enfermedades autoinmunitarias o el uso de ciertos medicamentos. Los síntomas de la nefritis varían dependiendo la causa subyacente y la gravedad de la inflamación.

Una de las señales más comunes de nefritis es la presencia de sangre en la orina (hematuria). Esto se nota cuando la orina se ve rosada o marrón rojizo. Otro signo de nefritis es la orina espumosa, lo que sugiere un concentramiento de proteínas en la orina (proteinuria). En algunos casos, la cantidad de orina que se produce disminuye notablemente.

Además de los cambios en la orina, la nefritis causa otros síntomas más. Un efecto notorio es una hinchazón. Esto se produce debido a que los riñones no eliminan el exceso de líquido del cuerpo de manera eficiente. Esta hinchazón se hace notable en varias partes del cuerpo. Puede ser en las manos, pies, tobillos e incluso el rostro.

Otro síntoma potencial de la nefritis es la hipertensión arterial. Los riñones desempeñan un papel crucial en la regulación de la presión arterial. Por tanto, cuando están inflamados, manifiestan dificultades para cumplir con esa función. Como resultado, se desarrolla una hipertensión, aumentando el riesgo de enfermedades cardiovasculares como ataques cardíacos y colapsos cerebrovasculares.

Otros síntomas son la fatiga, pérdida del apetito, náuseas y vómitos, dolores de cabeza, fiebre y dolor en el costado o la espalda. En algunos casos, también se presenta una sensación de malestar general.

Si los riñones están dañados a largo plazo, eso nos lleva a una enfermedad renal crónica. Esto causaría síntomas adicionales como anemia, cambios en el estado mental, irregularidades en los periodos menstruales en las mujeres, disfunción eréctil en los hombres y picazón en la piel. Dicho esto, las infusiones con propiedades antiinflamatorias reducen la inflamación y alivian los síntomas.

Infusión de raíz de bardana

Ingredientes:

1 cucharadita de raíz de bardana seca

1 taza de agua

Preparación:

Comienza calentando el agua en una olla hasta que comience a hervir. Agrega la raíz de bardana seca y reduce el fuego para mantener una cocción suave durante 10 minutos.

Cómo tomar:

Permite que la infusión se enfríe un poco, cuélala y estará lista para tomar. Disfruta de una taza en la mañana y otra en la tarde.

Infusión de hojas de abedul

Ingredientes:

1 cucharadita de hojas de abedul secas

1 taza de agua

Preparación:

Pon a hervir el agua y una vez en ebullición añade las hojas de abedul. Baja el fuego y deja que se cocine durante 10 minutos.

Cómo tomar:

Deja reposar la infusión hasta que esté a una temperatura bebible. Cuélala y consume. Es recomendable tomar una taza por la mañana y otra por la tarde.

Infusión de ortiga

Esta preparación es el mismo procedimiento a las infusiones de cálculos renales.

Ingredientes:

1 cucharada de hojas de ortiga secas

1 taza de agua

Preparación:

Calienta el agua hasta que hierva. Añade las hojas de ortiga. Apaga el fuego y permite que la mezcla repose durante unos 10 minutos.

Cómo tomar:

Después de colar la infusión, disfrútala. Se sugiere tomar una taza al día, preferiblemente por la mañana.

Infusión de cúrcuma

Ingredientes:

1 cucharadita de cúrcuma en polvo

1 taza de agua

Preparación:

Calienta el agua hasta que hierva y luego añade la cúrcuma. Apaga el fuego y permite que la mezcla repose durante unos 10 minutos.

Cómo tomar:

Después de colar la infusión, disfrútala. Se sugiere tomar una taza al día, preferiblemente por la mañana.

Infusión de jengibre

Ingredientes:

1 cucharadita de jengibre rallado

1 taza de agua

Preparación:

Pon a hervir el agua y una vez hervida agrega el jengibre rallado. Apaga el fuego y deja reposar la infusión durante 10 minutos.

Cómo tomar:

Una vez que la infusión se haya enfriado un poco, cuela y consume. Es preferible tomar una taza al día, idealmente por la mañana.

Retención de líquidos (edema)

Esta condición se caracteriza por la acumulación excesiva de líquidos en el cuerpo. Este trastorno se presenta por varias causas y se manifiesta de diversas maneras en el cuerpo.

Uno de los síntomas más visibles de la retención de líquidos es la hinchazón y se presenta en diversas partes del cuerpo. Las áreas comúnmente afectadas son las extremidades inferiores; es decir, los pies, los tobillos y las piernas. También hay casos en que aparece en las manos, los brazos, el rostro y el abdomen. Esta hinchazón es generalmente simétrica, pues ocurre en ambos lados del cuerpo.

Además de la hinchazón, otro indicador de retención de líquidos es la sensación de peso o rigidez en las áreas afectadas. Esta sensación es especialmente perceptible después de periodos de inactividad, por ejemplo, al despertar por la mañana o después de estar sentado o de pie durante un tiempo prolongado.

El edema presenta un signo llamado "fóvea". Esta es una pequeña depresión que queda en la piel después de presionar la zona hinchada durante unos segundos. Este hundimiento desaparece lentamente a medida que el líquido interno se redistribuye.

En casos más severos, lleva a un aumento de peso, cambios en la coloración de la piel y dificultad para mover las articulaciones afectadas. En algunos casos, se presenta dolor en las áreas inflamadas.

Si bien estos síntomas son incómodos, la retención de líquidos podría generar otras complicaciones subyacentes más serias como enfermedades del corazón, el hígado o los riñones. Por tanto, si se percibe una hinchazón persistente o los síntomas son muy notorios, es recomendable buscar la atención de un profesional de la salud.

Respecto a un remedio que pueda aliviar este mal, las infusiones diuréticas estimulan la producción de orina, facilitando la eliminación de los líquidos y las toxinas acumuladas.

Infusión de diente de león

Ingredientes:

1 cucharadita de hojas de diente de león secas

1 taza de agua

Preparación:

Hierve agua en una olla, agrega las hojas de diente de león y deja que se cocine a fuego lento durante 10 minutos.

Cómo tomar:

Después de dejarlo reposar y enfriar un poco, cuélalo y bébelo. Se recomienda tomar esta infusión dos veces al día.

Infusión de hinojo

Ingredientes:

1 cucharadita de semillas de hinojo

1 taza de agua

Preparación:

Calienta el agua hasta que comience a hervir. Agrega las semillas de hinojo y mantén el fuego bajo durante unos 10 minutos.

Cómo tomar:

Deja que la infusión repose hasta alcanzar una temperatura apta para beber. Cuela y consume. Es recomendable tomar una taza de esta infusión por la mañana y otra por la tarde.

Infusión de cola de caballo

Ingredientes:

1 cucharadita de cola de caballo seca

1 taza de agua

Preparación:

Pon a hervir el agua en una olla, luego agrega la cola de caballo. Reduce el fuego y deja que se cocine durante 10 minutos.

Cómo tomar:

Deja reposar hasta que alcance una temperatura tolerable para beber. Cuela y consume. Es preferible tomar una taza de esta infusión al día.

Infusión de té verde

Ingredientes:

1 cucharadita de té verde

1 taza de agua

Preparación:

Calienta el agua hasta que alcance el punto de ebullición. Añade el té verde, apaga el fuego y deja reposar durante 3 minutos.

Cómo tomar:

Una vez la infusión se ha enfriado un poco, cuela y ya está lista para consumir. Es aconsejable tomar una taza al día, preferiblemente por la mañana.

Prevención de enfermedades renales

Estos males son condiciones médicas que afectan el funcionamiento normal de los riñones, así como el de órganos vitales encargados de filtrar los residuos y el exceso de líquido en la sangre. Hay diferentes tipos de enfermedades renales, cada una con su propio conjunto de síntomas. A pesar, muchos de estos síntomas son comunes a varias enfermedades renales.

Entre los más habituales se incluye los cambios en la micción. Esto implica una necesidad de orinar mayor o menor, la aparición de espuma o burbujas en la orina, sangre en la orina o una disminución de la cantidad de orina eliminada.

Otro síntoma común es la fatiga y el malestar generalizado. Los riñones producen una hormona llamada eritropoyetina que ayuda a la producción de glóbulos rojos que a su vez transportan el oxígeno en la sangre. Cuando los riñones no funcionan correctamente, los niveles de esta hormona disminuyen, lo que lleva a la anemia y el cansancio corporal.

La sensación de frío constante, incluso en un ambiente cálido, es una secuela de la anemia. Adicionalmente, pueden presentarse síntomas de hinchazón de pies y tobillos, picores en la piel, falta de apetito, náuseas y vómitos.

Los dolores frecuentes en la parte inferior de la espalda a la altura de los riñones o dolores de cabeza también podrían ser signos de enfermedad renal. En etapas más avanzadas, se experimenta confusión mental o dificultad para concentrarse.

Si experimentas uno o más de estos síntomas de forma persistente, es crucial que busques atención médica para un diagnóstico adecuado.

Algunas de las siguientes infusiones mantienen la salud renal gracias a su contenido de antioxidantes, mientras que otras benefician el correcto funcionamiento de los riñones.

Infusión de raíz de regaliz

Ingredientes:

1 cucharadita de raíz de regaliz seca

1 taza de agua

Preparación:

Hierve el agua en una cacerola. Añade la raíz de regaliz y baja el fuego para que la mezcla se cocine a fuego lento durante 10 minutos.

Cómo tomar:

Cuando la infusión se haya enfriado un poco, cuélala y está lista para beber. Se recomienda disfrutar esta infusión una vez al día.

Infusión de hojas de nogal

Ingredientes:

1 cucharadita de hojas de nogal secas

1 taza de agua

Preparación:

Calienta el agua hasta que empiece a hervir. Agrega las hojas de nogal y cocina a fuego lento durante unos 10 minutos.

Cómo tomar:

Permite que la infusión se enfríe, cuélala y disfruta. Toma una taza al día, preferiblemente por la mañana.

Infusión de hojas de zarzamora

Ingredientes:

1 cucharadita de hojas de zarzamora secas

1 taza de agua

Preparación:

Hierve el agua en una olla. Agrega las hojas de zarzamora y reduce el fuego para que se cuece durante 10 minutos.

Cómo tomar:

Deja enfriar un poco la infusión, cuélala y está lista para tomar. Disfruta de esta infusión una vez al día.

Infusión de hojas de olivo

Ingredientes:

1 cucharadita de hojas de olivo secas

1 taza de agua

Preparación:

Pon a hervir el agua en una cacerola. Añade las hojas de olivo y deja que se cocine a fuego bajo por unos 10 minutos.

Cómo tomar:

Una vez que la infusión se entibie, cuélala y puedes consumirla. Es recomendable tomar una taza al día.

Infusión de hojas de menta

Ingredientes:

1 cucharadita de hoja de menta seca

1 taza de agua

Preparación:

Calienta el agua hasta que alcance el punto de ebullición. Añade las hojas de menta, apaga el fuego y deja reposar durante 5 minutos.

Cómo tomar:

Cuando la infusión esté a una temperatura apta para beber, cuélala y consume. Es aconsejable tomar una taza de esta infusión al día, preferiblemente por la tarde.

***

Hemos conocido juntos el mundo de las infusiones y su papel en la salud de los riñones. Es un recorrido estimulante dado los beneficios que provoca. Así que ya sabes cómo diversas hierbas tratan y previenen afecciones renales.

Con esta guía, espero haber confirmado tu aprecio por el poder de las plantas en la mejora de la salud renal. Que este conocimiento te sirva como impulso para seguir profundizando más tu investigación en el maravilloso mundo de las plantas medicinales.

No dudes en volver a este capítulo siempre que necesites recordar una receta o aclarar alguna duda. Y recuerda, la verdadera medicina comienza con la prevención. Así que bebe tus infusiones, cuida tu cuerpo y tu mente, y vive de la manera más saludable posible.

Ahora, te invito a que sigas adelante conmigo. En el próximo capítulo, te compartiré algunas hierbas esta vez para tratar el hígado graso. ¡Te espero allí!

Hierbas para el hígado graso

Bienvenido a este nuevo capítulo en donde te presentaré el poder curativo de hierbas que tratan una condición común a menudo mal entendida: el hígado graso.

El hígado es un órgano fundamental en nuestro cuerpo. Este es responsable de desintoxicar la sangre, metabolizar las grasas y los carbohidratos, almacenar vitaminas y minerales y regular las funciones del sistema inmunológico, entre otras tareas críticas. Es por esa razón que cuando su salud se ve amenazada, todo nuestro organismo podría ser afectado.

En esta etapa de nuestro recorrido por las plantas medicinales, me enfocaré en cómo ciertas hierbas son un apoyo valioso para la salud hepática. Algunas previenen y ayudan el tratamiento del hígado graso, condición que tiene graves consecuencias si no se trata. No olvidemos que estas hierbas no deben sustituir un tratamiento médico profesional, sino más bien es un complemento a los habituales cuidados de la salud.

Así como ciertos hábitos dañan nuestro hígado, también existen prácticas que ayudan a mantenerlo saludable, tales como una alimentación balanceada, actividad física regular y, por supuesto, el consumo de ciertas plantas medicinales.

Prepárate para descubrir nuevas maneras de cuidar tu salud y bienestar a través del maravilloso mundo de las plantas medicinales. ¿Estás listo para continuar este viaje de conocimiento y autocuidado? ¡Adelante, sigamos aprendiendo juntos!

¿Qué es el hígado graso?

El hígado graso, también conocido como esteatosis hepática, es una condición médica que ocurre cuando el hígado tiene dificultad para descomponer las grasas, causando una acumulación de estas en las células hepáticas. Esta acumulación de grasa genera inflamación e hinchazón del hígado, situación que con el tiempo ocasiona un severo daño hepático que podría originar una cirrosis o cáncer de hígado.

Es un trastorno bastante común en el mundo occidental, donde se estima que hasta un tercio de la población está afectada de ese mal. A propósito, muchas personas ignoran de que la padecen debido a que en muchos casos no se manifiestan síntomas claros. A veces, este mal se descubre durante un chequeo médico rutinario o cuando se investiga la causa de un síntoma no relacionado. De ahí por qué siempre es importante asumir una rutina de asistencia médica profesional.

Existen dos tipos principales de hígado graso: el hígado graso no alcohólico y el hígado graso alcohólico. El hígado graso no alcohólico, tal como su nombre lo indica, se desarrolla en personas que consumen poco o nada de alcohol. Es una condición muy común y a menudo está relacionada con la obesidad, la diabetes tipo 2 y la resistencia a la insulina. Por otro lado, el hígado graso alcohólico es causado por un consumo excesivo de bebidas alcohólicas.

Causas del hígado graso

Existen múltiples causas que radiquen al hígado graso, aunque algunas son más comunes que otras. La causa más frecuente es producto de la obesidad. Cuando sucede esto, el cuerpo se resiste a la insulina y se genera una inflamación crónica. Estos dos factores dan lugar a la acumulación de grasa en el hígado. En este caso, la esteatosis hepática a menudo forma parte de un grupo de condiciones conocidas como "síndrome metabólico".

Otra causa común del hígado graso es el consumo excesivo de alcohol. Su abuso de ingesta interfiere con el desempeño del hígado para descomponer las grasas, lo que lleva a su acumulación. En consecuencia, sucede una inflamación y daño al hígado, lo que acelera la progresión de la esteatosis hepática alcohólica a enfermedades hepáticas más graves.

También existen otras causas menos comunes del hígado graso. Estas tienen que ver con algunas enfermedades metabólicas como la diabetes tipo 1, el hipotiroidismo y la enfermedad de Wilson. Además, son estimulantes del hígado graso el consumo de algunos medicamentos incluyendo ciertos esteroides, tamoxifeno y medicamentos para el VIH. Por último, en raras ocasiones, la esteatosis hepática se genera también por una rápida pérdida de peso o desnutrición.

Factores de riesgo para el hígado graso

El más importante es el exceso de peso. La obesidad aumenta el riesgo de desarrollar un hígado graso, ya que promueve la resistencia a la insulina y la inflamación, dos condiciones que favorecen la acumulación de grasa en el hígado. Otros factores de riesgo son la resistencia a la insulina y la diabetes tipo 2. Dada la mala recepción de insulina en ambos casos, se genera una concentración de glucosa en la sangre. Este exceso de azúcar el hígado lo convierte en grasa.

El consumo excesivo de alcohol es un factor de riesgo importante para el hígado graso, lo que ya he mencionado en párrafos anteriores. Otros factores de riesgo para el hígado graso incluyen una edad avanzada, ciertas condiciones metabólicas y genéticas, y consumo de ciertos medicamentos. Además, se ha observado que el hígado graso es más común en hombres que en mujeres, y, específicamente, en ciertas etnias, como las hispanas. Sin embargo, el hígado graso puede afectar a cualquier persona, independientemente de su edad, sexo o procedencia.

Ahora, las preguntas que me interesa responderte en este capítulo es: ¿Cómo combatir el hígado graso con hierbas? ¿Cuáles son las hierbas más recomendadas para su tratamiento y cómo preparar remedios caseros a base de hierbas para tener un hígado saludable?

Hierbas específicas para tratar el hígado graso

A continuación, te presento varias opciones. Algunas de estas hierbas ya las he mencionado en el capítulo anterior, sin embargo, en este capítulo te mostraré cómo esas contribuyen específicamente al hígado graso.

Cardo mariano (*silybum marianum*)

Es una hierba bien conocida en el campo de la salud del hígado. Su nombre científico *silybum marianum* hace referencia a su componente activo más importante, la silimarina. Este compuesto es un potente antioxidante y antiinflamatorio que ha demostrado ser muy efectivo para proteger las células hepáticas dañadas. ¿Cómo lo hace? Inhibe la entrada de toxinas en las células hepáticas y estimula la regeneración de las dañadas. A través de este mecanismo, el cardo mariano ayuda a reparar el hígado y restaurar su función.

Investigaciones sugieren que la silimarina mejora la resistencia a la insulina, una de las causas subyacentes del hígado graso no alcohólico. Adicionalmente a la silimarina, esta hierba contiene flavonoides, lo que aporta una buena salud de las células hepáticas gracias a sus propiedades antioxidantes y antiinflamatorias. En síntesis, el consumo regular del cardo mariano reduce la inflamación, mejora los niveles de enzimas hepáticas y evita el estrés oxidativo, generando un hígado más sano y funcional.

Remedio

Ingredientes:

1 cucharada de semillas de cardo mariano

1 taza de agua

Preparación:

Primero, toma las semillas de cardo mariano y, utilizando un mortero, tritúralas hasta obtener una consistencia fina. Después, pon a hervir una taza de agua. Una vez que el agua haya comenzado a hervir, añade las semillas trituradas y reduce a medio fuego. Deja que la infusión se cueza durante aproximadamente 15 minutos. Pasado ese tiempo, retira del fuego y deja que repose durante 10 minutos adicionales. Finalmente, cuela la infusión para eliminar los residuos de las semillas.

Cómo tomar:

Esta infusión se consume a lo largo del día, preferiblemente en ayunas y antes de cada comida principal. Recuerda, la constancia es clave en este tipo de tratamientos naturales.

Alcachofa (cynara scolymus)

Es una planta que ha sido utilizada desde la antigüedad por sus numerosos beneficios para la salud, entre ellos, su capacidad para mejorar la salud del hígado. Sus hojas contienen cinarina, compuesto químico que estimula la producción de bilis que viene del hígado. Esto es especialmente importante en el caso del hígado graso, ya que la bilis juega un papel crucial para la digestión y absorción de grasas. Al aumentar la producción de bilis, es que se reduce la acumulación de grasa en el hígado.

La alcachofa tiene además un alto contenido de antioxidantes como los flavonoides y los fenoles que ayudan a proteger el hígado del daño causado por los radicales libres y las toxinas al reducir la inflamación y mejorar los niveles de lípidos en la sangre, dos factores que contribuyen a la enfermedad del hígado graso. De esta manera, la alcachofa es una planta valiosa para prevenir y tratar esta enfermedad.

Su efecto diurético elimina las toxinas del cuerpo y reduce la carga de trabajo del hígado. Es importante destacar que, aunque es beneficiosa para la salud del hígado, no debe ser utilizada como sustituto de un tratamiento médico adecuado. Como siempre es importante consultar a un profesional de la salud antes de iniciar cualquier régimen de suplementos o cambios en la dieta.

Remedio

Ingredientes:

2 alcachofas medianas

1 litro de agua

Preparación:

Para comenzar, lava cuidadosamente las alcachofas para eliminar cualquier resto de tierra o impurezas. Después, córtalas en cuartos y colócalas en una cacerola grande. Agrega un litro de agua y lleva la cacerola al fuego. Deja que las alcachofas hiervan durante unos 30 minutos. Verifica que estén tiernas pinchándolas con un tenedor. Retira del fuego y deja que la mezcla se enfríe. Después, cuela el líquido y desecha las alcachofas.

Cómo tomar:

Esta agua de alcachofa es ideal para tomar a lo largo del día. Comienza en ayunas y sigue con una taza antes de cada comida. Recuerda, este no es un sustituto para una alimentación saludable y ejercicio regular, aunque es un excelente complemento para mantener tu hígado en buen estado.

Diente de león (taraxacum officinale)

Es otra hierba con una larga historia de uso en la medicina tradicional, especialmente para afecciones relacionadas con el hígado. Su potencial radica en su capacidad para estimular la producción de bilis y facilitar la eliminación de toxinas del organismo aportando a la mejora de la salud hepática. Las raíces y las hojas del diente de león contienen compuestos amargos que estimulan la digestión y reducen la acumulación de grasa en el hígado. Es rico en antioxidantes, protegiendo al hígado de los daños causados por los radicales libres y las toxinas.

El diente de león también tiene propiedades diuréticas, lo que significa que elimina el exceso de líquidos del cuerpo, siendo importante también para la enfermedad del hígado graso, ayudando a reducir la inflamación para mejorar la función hepática.

Remedio

Ingredientes:

1 cucharada de raíz de diente de león seca

1 taza de agua

Preparación:

Para comenzar, coloca una taza de agua en una cacerola y llévala a ebullición. Una vez que el agua esté hirviendo, agrega la raíz de diente de león seca. Reduce el fuego a medio y deja que la mezcla se cocine a fuego lento durante unos 15 a 20 minutos. Después de ese tiempo, retira del fuego y deja que la infusión repose durante unos 10 minutos adicionales. Finalmente, cuela la infusión para eliminar los restos de la raíz.

Cómo tomar:

Esta infusión se toma a lo largo del día, siendo ideal comenzar en ayunas. El diente de león tiene propiedades diuréticas por lo que ayuda a eliminar las toxinas a través de la orina. Sin embargo, evita tomarlo antes de dormir para no interrumpir tu sueño.

Boldo (peumus boldus)

Originario de Sudamérica, el boldo es una planta ampliamente reconocida por sus propiedades para el cuidado del hígado. Sus hojas contienen alcaloides como la boldina y flavonoides, ambas asociadas a la protección del hígado y la estimulación de la producción de bilis. No olvidemos que la bilis es esencial para la digestión y absorción de grasas, lo que significa que su producción adecuada previene la acumulación de grasa en el hígado.

También cuenta con propiedades antioxidantes gracias a su contenido de flavonoides y vitamina C protegiendo el hígado del daño oxidativo. Se ha observado que la boldina mejora los niveles de lípidos en la sangre y reduce la inflamación, contrarrestando el mal del hígado graso. Aunque se requiere más investigación para confirmar estos efectos, el boldo es un valioso aliado para la salud del hígado, siempre que se utilice de manera responsable y bajo supervisión médica.

Remedio

Ingredientes:

1 cucharadita de hojas de boldo secas

1 taza de agua

Preparación:

Primero, pon a hervir una taza de agua. Una vez que el agua esté hirviendo, agrega las hojas de boldo secas. Reduce el fuego a bajo y deja que la infusión se cocine durante unos 10 minutos. Pasado ese tiempo, retira del fuego y deja que repose durante 5 minutos adicionales. Finalmente, cuela la infusión para eliminar los restos de las hojas.

Cómo tomar:

El boldo tiene un sabor bastante fuerte, por lo que esta infusión se toma una vez al día, preferiblemente después de la cena para ayudar con la digestión y limpieza del hígado.

Menta (mentha spp.)

Es conocida por su sabor refrescante y su aroma estimulante, pero también cuenta con beneficios para la salud del hígado. Contiene una gran cantidad de antioxidantes como los polifenoles y el ácido rosmarínico. Estos cumplen la función de proteger el hígado contra el daño oxidativo. Estudios han demostrado que el extracto de menta tiene un efecto hepatoprotector, lo que significa que protege el hígado contra diversas formas de daño.

Algunos estudios preliminares sugieren que además reduce la acumulación de grasa en el hígado y mejora la función hepática. Aunque se necesita más investigación para confirmar estos hallazgos, la menta es una adición saludable a la dieta de las personas que buscan mejorar la salud de su hígado.

Remedio

Ingredientes:

1 cucharada de hojas de menta fresca

1 taza de agua

Preparación:

Lava cuidadosamente las hojas de menta fresca. Luego, lleva una taza de agua a ebullición. Una vez que el agua esté hirviendo, agrega las hojas de menta y apaga el fuego. Deja que las hojas reposen en el agua caliente durante unos 10 minutos. Después, cuela la infusión para retirar las hojas.

Cómo tomar:

Esta infusión se toma a lo largo del día, pero es especialmente recomendable después de las comidas para facilitar la digestión y ayudar a la función del hígado.

Regaliz (glycyrrhiza glabra)

Conocido por su sabor dulce, el regaliz es una planta medicinal antigua con múltiples propiedades terapéuticas, entre las que destaca su capacidad para tratar afecciones del hígado. Algunas investigaciones indican que el regaliz reduce la inflamación en el cuerpo, lo cual es útil para aliviar el hígado graso.

El regaliz contiene glicirricina, compuesto que se ha estudiado por su capacidad para inhibir el proceso que lleva a la acumulación de grasa en el hígado. Aunque estas investigaciones son preliminares, sugieren que el regaliz podría ser útil en el tratamiento de esta afección. Es importante señalar que el regaliz debe utilizarse con precaución, ya que tiene efectos secundarios si se consume en grandes cantidades.

Remedio

Ingredientes:

1 cucharadita de raíz de regaliz seca

1 taza de agua

Preparación:

Coloca una taza de agua en una cacerola y lleva a ebullición. Una vez hirviendo, agrega la raíz de regaliz seca. Reduce el fuego a bajo y deja que la mezcla se cocine durante unos 10 a 15 minutos. Pasado este tiempo, retira del fuego y deja que la infusión repose durante unos 10 minutos. Finalmente, cuela la infusión para eliminar los restos de la raíz.

Cómo tomar:

Esta infusión se toma a lo largo del día, preferiblemente en ayunas y antes de cada comida principal.

***

El hígado graso es una afección que va en aumento debido a los hábitos de vida poco saludables que se han vuelto comunes en la sociedad moderna. Frente a ello, está en nuestras manos tomar medidas para prevenir y tratar esta enfermedad. A lo largo de este capítulo, te presenté diversas hierbas que poseen propiedades beneficiosas para combatir y prevenir el hígado graso. El cardo mariano, alcachofa, diente de león, boldo, menta y regaliz son solo algunos ejemplos de cómo la naturaleza nos ayuda a mantener un hígado sano.

Es importante recordar que estos remedios no son un reemplazo para un diagnóstico médico o tratamiento. Siempre debemos buscar la orientación de un profesional de la salud en caso de presentar síntomas o tener una condición médica existente.

En el próximo capítulo, continuaremos explorando la maravillosa relación entre las hierbas y nuestra salud. ¡Nos vemos en el próximo capítulo!

Plantas medicinales para bajar los niveles de colesterol y triglicéridos

Los altos niveles de colesterol y triglicéridos en el cuerpo son un factor de riesgo que impulsarían diversas enfermedades, incluyendo enfermedades del corazón, afecciones cerebrovasculares y la diabetes. En la búsqueda constante de equilibrar estos niveles y mantener la salud en general, el consumo de las plantas medicinales desempeña un papel fundamental. Utilizadas desde tiempos inmemoriales para tratar una amplia variedad de dolencias y condiciones, ofrecen un recurso natural invaluable para el manejo del colesterol y los triglicéridos.

En un mundo donde la medicina moderna y la farmacología avanzada dominan el panorama de la salud, podría parecer extraño recurrir a la naturaleza en busca de soluciones. El hecho es que muchas de las drogas y medicamentos que se utilizan en la medicina convencional tienen sus raíces en las plantas y hierbas, las cuales fueron utilizadas por nuestros antepasados durante siglos.

Tomemos en cuenta además que resulta conveniente asistir a esta clase de vegetación al generar menos efectos secundarios y contraindicaciones respecto a los medicamentos sintéticos.

Algunas contienen antioxidantes potentes que previenen el daño a las arterias causado por el colesterol alto. Los antioxidantes trabajan neutralizando los radicales libres que son compuestos químicos reactivos que dañan las células y tejidos, incluyendo las paredes de las arterias. Al proteger a las arterias de este daño, las plantas medicinales previenen la formación de placas de colesterol que conducen a enfermedades del corazón.

Una alimentación rica en frutas, verduras, granos enteros, proteínas magras y grasas saludables, junto con una actividad física regular, son también bases recomendables para mantener unos niveles saludables de colesterol y triglicéridos.

¿Qué son el colesterol y los triglicéridos?

Estos son dos tipos de lípidos o grasas que se encuentran en la sangre. Ambos juegan roles cruciales para el buen funcionamiento del cuerpo. Muy a pesar, tener un alto nivel de alguno de ellos causa problemas en la salud.

El colesterol es una sustancia cerosa que es producida por el hígado y también se obtiene a través de ciertos alimentos. Es necesario para la formación de las células y la producción de ciertas hormonas. El colesterol participa en la creación de vitamina D y la digestión de las grasas. Sin embargo, cuando los niveles de colesterol en la sangre son demasiado altos, este termina por acumularse en las paredes de las arterias formando placas que restringen el flujo de la sangre y aumentan el riesgo de enfermedades cardíacas y afecciones cerebrovasculares.

Los triglicéridos son otro tipo de grasa que se encuentra en la sangre. El cuerpo convierte las calorías que no necesita en triglicéridos que luego se almacenan en las células de grasa para ser utilizados como energía entre las comidas. Al igual que el colesterol, los triglicéridos son necesarios para la salud, aunque los niveles demasiado altos de estos atentan contra el bienestar cardíaco.

Factores de riesgo

Existen varios factores que aumentan el riesgo de tener altos niveles de colesterol y triglicéridos. Felizmente, algunos de estos factores son modificables, lo que significa que es posible hacerlo a través de reformas en el estilo de vida. Otros factores de riesgo, sin embargo, no son modificables.

Entre los factores de riesgo modificables está el abuso de alimentación, el sobrepeso de la masa corporal y la poca actividad física. Una dieta rica en grasas saturadas y trans aumenta los niveles de colesterol. Asimismo, el estilo de vida sedentario pone en riesgo el crecimiento de los niveles de colesterol y triglicéridos.

Aunque el consumo moderado de alcohol tiene efectos cardioprotectores, su consumo excesivo genera un efecto contrario, aumentando los niveles de triglicéridos y, por tanto, el riesgo de padecer una enfermedad cardíaca.

Entre los factores de riesgo no modificables se encuentran la edad y la genética. Respecto a la edad, el riesgo de tener niveles elevados de colesterol y triglicéridos aumenta. Por otro lado, si uno o ambos padres tienen o tuvieron altos niveles de colesterol o triglicéridos, es probable que sus hijos también los tengan.

Es importante tener en cuenta que aunque los factores de riesgo no modificables no se cambian es posible tomar medidas para controlarlos a fin de reducir el riesgo de enfermedad cardíaca y afecciones cerebrovasculares. Esto implica llevar una dieta saludable, hacer ejercicio regularmente, mantener un peso saludable y limitar el consumo de alcohol.

Consecuencias del colesterol y triglicéridos altos

El mantenimiento de niveles altos de colesterol y triglicéridos en el organismo tiene serias implicaciones en la salud. La condición conocida como hiperlipidemia o hiperlipoproteinemia, caracterizada por el aumento de los niveles de lípidos en la sangre, deriva a varias enfermedades crónicas, particularmente las relacionadas con el corazón y la circulación sanguínea. A continuación, te menciono algunas de esas.

Enfermedad coronaria

La más preocupante y común consecuencia de los altos niveles de colesterol es el desarrollo de una enfermedad coronaria. Cuando el colesterol se acumula en las paredes arteriales forma placas que restringen el flujo sanguíneo al corazón, lo que conduce a la angina de pecho o un ataque cardíaco.

Accidente cerebrovascular (derrame cerebral)

De manera similar a la enfermedad coronaria, el colesterol alto lleva a la producción de placas en las arterias que suministran sangre al cerebro. Si una de estas arterias se bloquea, ocurre un accidente cerebrovascular, generándose un daño cerebral, discapacidad o incluso la muerte.

Enfermedad arterial periférica

Los altos niveles de colesterol causan la formación de placas en las arterias que suministran sangre a las piernas y los pies. Esto trae como consecuencia dolor y debilidad en esas zonas. Existe además riesgo de que sufran una infección. En casos graves, podría requerir la amputación del miembro afectado.

Pancreatitis

Los triglicéridos altos conducen a la pancreatitis. Esta es una inflamación del páncreas de manera aguda o crónica. Es una condición médica grave que requiere hospitalización.

Hígado graso

Tanto el colesterol alto como los triglicéridos elevados contribuyen en el desarrollo de una enfermedad hepática grasa no alcohólica. Si no se controla, puede progresar a la cirrosis hepática.

Xantomas

Estos son depósitos de grasa debajo de la piel que indican hiperlipidemia. Aunque los xantomas en sí mismos no son dañinos, son un signo de un riesgo subyacente de una enfermedad cardíaca.

El colesterol y los triglicéridos altos a menudo se asocian con otras afecciones y factores de riesgo como la obesidad, la diabetes y el síndrome metabólico, lo que aumenta aún más el riesgo de enfermedad cardiovascular y otros problemas de salud. Es por ello es crucial mantener un control riguroso de los niveles de colesterol y triglicéridos para proteger la salud general.

A continuación, divido en dos las listas de hierbas y plantas con las que podrás hacer remedios caseros para controlar tanto el colesterol como los triglicéridos. Aunque algunas de estas hierbas y plantas ya las he presentado en capítulos anteriores, en estos segmentos te indicaré cómo te ayudan a controlar y tratar específicamente el alto nivel de colesterol y triglicéridos.

Plantas y hierbas beneficiosas para el colesterol

En esta primera lista, las siguientes plantas y hierbas te ayudarán a controlar el colesterol e incluso bajarlo.

Ajo (allium sativum)

Ha sido una hierba apreciada por la medicina tradicional durante siglos. Recientemente, ha ganado reconocimiento en la comunidad médica por sus efectos beneficiosos para el control del colesterol.

Se cree que los compuestos sulfurados presentes en el ajo, especialmente la alicina, son responsables de esos beneficios. La alicina reduce la formación de colesterol en el hígado e inhibe la absorción de colesterol en el intestino. Además, se ha demostrado que el ajo tiene efectos antioxidantes y antiinflamatorios, lo que contribuye a la salud cardiovascular protegiendo contra el daño de los radicales libres y la inflamación.

Remedio

Ingredientes:

2 dientes de ajo

1 vaso de agua

Preparación:

Empieza por pelar los dientes de ajo y aplastarlos con el lado plano de un cuchillo. En una olla, hierve un vaso de agua. Una vez que el agua esté hirviendo, añade los dientes de ajo aplastados y déjalo a fuego lento durante unos 10 minutos. Después de ese tiempo, retira la olla del fuego y deja que el agua de ajo se enfríe.

Cómo tomar:

Toma esta infusión de ajo en ayunas todas las mañanas. Su sabor es fuerte, así que si quieres añade un poco de miel para endulzar.

Cebolla (allium cepa)

Al igual que el ajo, la cebolla pertenece a la familia allium y es rica en compuestos sulfurados que ayudan a controlar los niveles de colesterol.

Los estudios han demostrado que los extractos de cebolla disminuyen el colesterol total y el LDL (o colesterol malo) mientras aumentan el HDL (o colesterol bueno). Además, las cebollas contienen quercetina, un flavonoide con fuertes propiedades antioxidantes que protegen al sistema cardiovascular del estrés oxidativo.

Remedio

Ingredientes:

1 cebolla mediana

1 vaso de agua

Preparación:

Corta la cebolla en trozos medianos y colócala en una cacerola. Añade el agua y lleva la mezcla a ebullición. Una vez que comience a hervir, reduce el fuego y deja que se cocine durante unos 15 minutos. Apaga el fuego y deja que se enfríe.

Cómo tomar:

Toma esta infusión de cebolla antes de cada comida principal. La cebolla tiene un sabor fuerte, así que si gustas puedes añadir un poco de miel o limón para hacerla más agradable al paladar.

Avena (avena sativa)

Es una excelente fuente de fibra soluble que juega un papel crucial en la regulación del colesterol.

La fibra soluble forma un gel viscoso en el intestino que se une al colesterol y a los ácidos biliares (que también contienen colesterol), lo que facilita su excreción por medio de las heces. Al reducir la cantidad de colesterol que se reabsorbe en el cuerpo, se reducen los niveles de colesterol en la sangre.

Remedio

Ingredientes:

2 cucharadas de avena en copos

1 vaso de agua

Preparación:

En un vaso de agua, añade las cucharadas de avena en copos. Deja que la avena se empape durante la noche. A la mañana siguiente, ingiere la avena remojada tal cual o licuarla para obtener una bebida más suave.

Cómo tomar:

Toma esta preparación de avena en ayunas cada mañana. Si lo deseas, añade un poco de miel para endulzar.

Psyllium (plantago ovata)

El psyllium es una fibra soluble que se encuentra en la cubierta de las semillas de plantago ovata. Al igual que la avena, el psyllium forma un gel viscoso en el intestino que se une al colesterol y a los ácidos biliares, facilitando su eliminación del cuerpo.

Además, al estimular la producción de ácidos biliares, el psyllium reduce la cantidad de colesterol al hígado.

Remedio

Ingredientes:

1 cucharadita de psyllium

1 vaso de agua

Preparación:

Añade una cucharadita de psyllium a un vaso de agua. Mezcla bien y deja reposar durante unos minutos para que el psyllium se hinche.

Cómo tomar:

Toma este remedio de psyllium una vez al día, preferiblemente por la noche antes de acostarte. Siempre bebe mucho líquido cuando tomes psyllium, ya que esta fibra absorbe agua.

Guggul (commiphora wightii)

El guggul es una resina que se obtiene del árbol commiphora wightii y ha sido utilizada en la medicina ayurvédica durante miles de años.

Los compuestos activos del guggul conocidos como guggulsteronas inhiben la formación de colesterol en el hígado y aumentan la excreción de colesterol por medio de las heces. Además, el guggul tiene efectos antioxidantes y antiinflamatorios que protegen contra la aterosclerosis, una complicación común ocasionada por los niveles elevados de colesterol.

Remedio

Ingredientes:

500 mg de extracto de guggul

1 vaso de agua

Preparación:

Este remedio es fácil de obtener, ya que el extracto de guggul suele venir en cápsulas. Solo necesitas tener a la mano un vaso de agua para tomar la cápsula.

Cómo tomar:

Toma una cápsula de extracto de guggul al día con un vaso de agua.

Sigue las indicaciones del fabricante en cuanto a la dosis y siempre consulta a tu médico antes de comenzar a tomar suplementos de hierbas.

Berberina

Es un alcaloide que se encuentra en varias plantas como el agracejo, la palma enana americana y el goldenseal.

Se ha demostrado que tiene un efecto regulador sobre el colesterol al inhibir la absorción de colesterol en el intestino, estimula la excreción de colesterol por las heces y evita la formación de colesterol en el hígado. Además, la berberina mejora la salud cardiovascular al ayudar a optimizar la función endotelial y reducir la inflamación.

Remedio

Ingredientes:

500 mg de extracto de berberina

1 vaso de agua

Preparación:

Al igual que el guggul, la berberina suele venir en cápsulas o tabletas. Solo necesitas un vaso de agua para tomarla.

Cómo tomar:

Toma una cápsula o tableta de berberina al día con un vaso de agua. Asegúrate de seguir las instrucciones del fabricante y consulta a tu médico antes de comenzar a tomarla.

Plantas y hierbas beneficiosas para los triglicéridos

Conoce las plantas y hierbas que te ayudarán a controlar los triglicéridos. Aunque algunas de estas ya te las he presentado en capítulos anteriores, en este segmento me concentro en explicarte por qué son beneficiosas para tratar los altos niveles de triglicéridos.

Fenogreco (trigonella foenum-graecum)

Es una hierba conocida por sus semillas aromáticas y hojas comestibles que ha sido estudiada por su potencial en el manejo de los niveles de triglicéridos.

Una serie de estudios ha demostrado que el fenogreco tiene la capacidad de disminuir los niveles de triglicéridos en la sangre. Esto se debe a su alto contenido de fibra dietética que reduce la absorción de grasas y azúcares en el tracto intestinal, resultando una disminución de los triglicéridos. Además, el fenogreco contiene una variedad de compuestos bioactivos como saponinas y fenoles que tienen efectos antioxidantes y antiinflamatorios, contribuyendo a la salud cardiovascular en general.

Remedio

Ingredientes:

1 cucharadita de semillas de fenogreco

1 taza de agua

Preparación:

Comienza tostando suavemente las semillas de fenogreco en una sartén pequeña a fuego medio. Luego, deja que las semillas se enfríen por unos minutos antes de molerlas en un mortero. Ahora, en una olla, lleva a ebullición una taza de agua. Añade las semillas de fenogreco molidas al agua hirviendo, reduce el fuego y deja que la mezcla se cueza durante unos 10 minutos.

Cómo tomar:

Cuela la infusión y bébela mientras esté tibia. Recomiendo tomar esta infusión dos veces al día para ayudar a controlar los niveles de triglicéridos.

Té verde (camellia sinensis)

El té verde, originario de China y ampliamente consumido en todo el mundo, es conocido por su contenido de catequinas, una clase de antioxidantes que se ha demostrado provoca varios beneficios para la salud, incluyendo la capacidad de reducir los niveles de triglicéridos.

Las catequinas en el té verde inhiben la enzima que el cuerpo utiliza para absorber los triglicéridos, reduciendo su presencia en la sangre. Además, los polifenoles del té verde aumentan la oxidación de las grasas y mejoran el metabolismo, ayudando a reducir los niveles de triglicéridos.

Remedio

Ingredientes:

1 bolsita de té verde

1 taza de agua

Preparación:

Calienta el agua hasta que llegue a un punto de ebullición. Luego, coloca la bolsita de té verde en una taza y vierte el agua caliente. Deja que el té repose durante 3 a 5 minutos.

Cómo tomar:

Bebe esta infusión de té verde de dos a tres veces al día. No solo te ayudará a mantener tu cuerpo hidratado, sino que también contribuirá a la disminución de los niveles de triglicéridos.

Canela (cinnamomum verum)

Es una especia que se usa comúnmente en la cocina y en la medicina tradicional. Ha sido estudiada por sus posibles beneficios en la salud del corazón, incluyendo la reducción de los niveles de triglicéridos.

Se cree que los compuestos antioxidantes de la canela, especialmente los polifenoles, reducen los niveles de triglicéridos al inhibir la enzima que el cuerpo utiliza para sintetizar los triglicéridos. Además, la canela mejora la sensibilidad a la insulina, controlando los niveles de glucosa en la sangre y, a su vez, los niveles de triglicéridos.

Remedio

Ingredientes:

1 cucharadita de canela en polvo

1 taza de agua caliente

Preparación:

Añade una cucharadita de canela en polvo a una taza de agua caliente. Remueve bien hasta que la canela se disuelva completamente.

Cómo tomar:

Bebe esta mezcla una vez al día, preferiblemente en la mañana. La canela no solo ayudará a reducir los niveles de triglicéridos, sino que también dará un impulso a tu metabolismo.

Cúrcuma (curcuma longa)

Es una especia de color amarillo brillante muy asistido por la medicina ayurvédica. Ha sido estudiada por su potencial en el manejo de los niveles de triglicéridos. Su ingrediente activo, la curcumina, ha demostrado tener potentes propiedades antioxidantes y antiinflamatorias que son beneficiosas para la salud cardiovascular.

La curcumina reduce los niveles de triglicéridos al inhibir la enzima que el cuerpo utiliza para sintetizar los triglicéridos. Además, la cúrcuma mejora la sensibilidad a la insulina, lo que controla los niveles de glucosa en la sangre y, a su vez, los niveles de triglicéridos.

Remedio

Ingredientes:

1 cucharadita de cúrcuma en polvo

1 taza de agua caliente

Preparación:

Añade la cúrcuma en polvo al agua caliente y revuelve bien hasta que se disuelva por completo.

Cómo tomar:

Se recomienda beber esta mezcla de cúrcuma una vez al día. La cúrcuma es conocida por sus propiedades antioxidantes y antiinflamatorias que reducen los niveles de triglicéridos.

Ginseng (panax ginseng)

Es una raíz utilizada en la medicina tradicional china durante miles de años. Ha sido objeto de varias investigaciones científicas que han destacado sus beneficios para la salud, incluyendo su potencial para ayudar a controlar los niveles de triglicéridos.

El ginseng contiene una serie de compuestos bioactivos como los ginsenósidos que se cree tienen efectos antioxidantes y antiinflamatorios. Estos compuestos reducen los niveles de triglicéridos en la sangre al mejorar el metabolismo de las grasas y reducen la inflamación. Además, algunos estudios sugieren que el ginseng mejora la sensibilidad a la insulina, generando un efecto positivo para los niveles de triglicéridos.

Remedio

Ingredientes:

1 raíz de ginseng

1 taza de agua

Preparación:

Lava y corta la raíz de ginseng. Luego, añade la raíz y el agua en una olla y lleva la mezcla a ebullición. Adicionalmente, que se cocine a fuego bajo durante unos 10 minutos.

Cómo tomar:

Bebe esta infusión de ginseng una vez al día.

Ortiga (urtica dioica)

Esta planta se encuentra comúnmente en las regiones templadas del mundo y ha sido utilizada en la medicina tradicional para tratar una serie de condiciones de salud. Recientemente, ha ganado atención por ser potencialmente beneficiosa para el control de los niveles de triglicéridos.

La ortiga contiene una serie de compuestos bioactivos, incluyendo flavonoides y polifenoles, que se cree tienen propiedades antioxidantes y antiinflamatorias. Estos compuestos ayudan a reducir los niveles de triglicéridos en la sangre al inhibir la síntesis de triglicéridos y mejorar el metabolismo de las grasas. Además, la ortiga tiene un efecto diurético, lo que elimina el exceso de líquidos y toxinas en el cuerpo, incluyendo los triglicéridos.

Remedio

Ingredientes:

1 cucharada de hojas de ortiga seca

1 taza de agua

Preparación:

Calienta el agua hasta que llegue a punto de ebullición. Luego, añade las hojas de ortiga seca y deja que la mezcla se infunda durante unos 10 minutos.

131

Cómo tomar:

Bebe esta infusión de ortiga una vez al día.

***

Mantener niveles óptimos de colesterol y triglicéridos es vital para la salud de nuestro organismo, y una forma efectiva de conseguirlo es aprovechando los regalos que la naturaleza nos ofrece en forma de plantas y hierbas medicinales. Estos tesoros naturales como el ajo, la cebolla, la avena, el psyllium, el guggul, la berberina, el fenogreco, el té verde, la canela, la cúrcuma, el ginseng y la ortiga poseen la capacidad de actuar como potentes reguladores de nuestros niveles lipídicos.

Pero el conocimiento por sí solo no es suficiente. La verdadera sabiduría reside en su aplicación. Anímate a probar estos remedios caseros haciendo los ajustes necesarios para adaptarlos a tus gustos y necesidades.

No olvides que cada cuerpo es único y responde de manera diferente. Así que observa cuidadosamente cómo reacciona tu organismo a estas soluciones y, si es necesario, consulta a un profesional de la salud. La belleza de estos remedios reside en su simplicidad y accesibilidad. Empezar a cuidar de tu salud es tan sencillo como abrir tu alacena y poner agua a calentar. ¡Es hora de actuar y tomar las riendas de tu bienestar!

Plantas medicinales para el tratamiento de las afecciones respiratorias (tos, bronquios y asma)

Este capítulo destaca los beneficios y la eficacia de las plantas medicinales para el tratamiento de las afecciones respiratorias, particularmente, la tos, los bronquios y el asma.

Las afecciones respiratorias son un problema común y recurrente para muchas personas, independientemente de su edad o ubicación geográfica. Ya sea que estemos hablando de una simple tos o afecciones más serias como la bronquitis y el asma, los efectos de estas siempre debilitan el sistema inmunológico de las personas a posterior.

Por otro lado, a pesar de que los medicamentos modernos alivian de manera rápida sus síntomas, los efectos secundarios y las reacciones adversas son una preocupación para algunos pacientes. Aquí es donde las plantas medicinales entran en escena. Su uso tradicional durante siglos, junto con investigaciones modernas que respaldan su eficacia, las convierte en una opción segura y viable para muchos.

Muchas hierbas poseen propiedades expectorantes que alivian la tos al eliminar la mucosidad de las vías respiratorias. Otras plantas medicinales alivian la inflamación en los bronquios, beneficioso para quienes sufren de bronquitis. En cuanto al asma, hay hierbas que relajan y abren las vías respiratorias proporcionando un alivio que previene los ataques de asma.

El uso de plantas medicinales en el tratamiento de afecciones respiratorias se basa en una combinación de sabiduría ancestral y evidencia científica moderna. Si bien no reemplazan la necesidad de atención médica profesional, estas plantas ofrecen una forma segura y efectiva de aliviar los síntomas y mejorar la calidad de vida de aquellos que luchan contra esas afecciones.

Este capítulo proporcionará una visión detallada de las plantas medicinales más eficaces para el tratamiento de la tos, los bronquios y el asma, junto con consejos prácticos sobre cómo utilizarlas de la forma más efectiva. Ya sea que se esté buscando formas naturales para complementar el régimen de tratamiento actual o se tenga un interés en explorar opciones más holísticas para el cuidado de la salud, este capítulo será una fuente de información invaluable.

Tos

Es un reflejo vital que el cuerpo utiliza para proteger las vías respiratorias a fin de eliminar la mucosidad y desfogar las molestias provocadas por la irritación de la garganta y los pulmones. Este acto reflejo comienza cuando los nervios en las vías respiratorias detectan una molestia. Estos envían una señal al cerebro que a su vez emite una orden a los músculos del tórax y el abdomen para que se contraigan y expulsen una corriente de aire a través de la garganta.

Puede ser aguda o crónica. La tos aguda es un síntoma de un resfriado, la gripe, la neumonía o cualquier otra enfermedad que afecta a los pulmones. En tanto, la tos crónica es el resultado de una condición de salud a largo plazo como la enfermedad pulmonar obstructiva crónica (EPOC), el asma, el reflujo ácido, entre otras.

El tratamiento de la tos se enfoca principalmente en tratar la causa subyacente. En el caso de la tos debido a un resfriado, se recomienda el reposo, la hidratación y el uso de humidificadores. Para la tos crónica, se recetan medicamentos que actúen directamente sobre los síntomas como los supresores de la tos y los expectorantes, o que traten la condición de salud subyacente.

Bronquitis

Son las principales vías respiratorias que conectan la tráquea con los pulmones. Su función principal es transportar aire desde la tráquea hasta unos pequeños sacos de aire en los pulmones llamados alvéolos, en donde se tiene lugar el intercambio de gases.

Su definición robusta ayuda a que puedan ser lo suficientemente resistentes a la entrada de partículas y bacterias, aunque también son lo suficientemente flexibles como para expandirse y contraerse con cada respiración. En tanto, cuando los bronquios se inflaman es que podría generarse infecciones respiratorias, asma o una enfermedad pulmonar obstructiva crónica (EPOC). A su vez, esto provocaría que la persona tenga dificultad al momento de respirar y se desarrollen otros síntomas como la tos y la falta de aliento.

El tratamiento de los trastornos bronquiales depende de la causa subyacente. Las infecciones bacterianas requieren antibióticos, mientras que las condiciones crónicas como el asma y la EPOC requieren el uso de medicamentos que abran las vías aéreas y reduzcan la inflamación.

Asma

Esta es una enfermedad crónica que inflama y estrecha las vías respiratorias dificultando la respiración. Los síntomas del asma incluyen sibilancias, falta de aliento, opresión en el pecho y tos. Estos síntomas varían de leves a graves y dependiendo la severidad ocurren rara o diariamente.

Es causada por una combinación de factores genéticos y ambientales. Los desencadenantes comunes están relacionados a estar expuesto a un ambiente con presencia de polvo, humo del tabaco, pelo de las mascotas, moho o polen. Asimismo, puede ser ocasionado por el ejercicio físico intenso y al consumo de ciertos alimentos o medicamentos. Estos son desencadenantes que causan una reacción del sistema inmunológico provocando la inflamación y el estrechamiento de las vías respiratorias.

El tratamiento del asma se centra en controlar los síntomas y prevenir los ataques. Se debe incluir el uso de medicamentos para reducir la inflamación y abrir las vías respiratorias, así como evitar los escenarios o prácticas que desencadenan este mal. Con el tratamiento adecuado y el control, la mayoría de las personas con asma tienen la posibilidad de llevar una vida normal y activa.

Consecuencias de las afecciones respiratorias

Las afecciones respiratorias, que incluye la tos persistente, la bronquitis y el asma, son una fuente importante de morbilidad y provocan una serie de complicaciones graves si no se tratan adecuadamente.

Estas enfermedades respiratorias son causadas por una variedad de factores. Pueden ser consecuencia de infecciones, irritantes ambientales o factores genéticos. En algunos casos, son el resultado de otras afecciones médicas como enfermedades del corazón o el cáncer.

En primer lugar, las afecciones respiratorias interfieren significativamente con la calidad de vida de un individuo. La tos constante, la falta de aire y otros síntomas son incómodos y angustiantes, limitando la actividad física, afectando el sueño y causantes de estrés y ansiedad.

Algunas personas con enfermedades respiratorias crónicas tienen dificultades para realizar tareas diarias simples como subir las escaleras o realizar caminatas de larga distancia debido a la falta de aliento. Este debilitamiento de la calidad de vida es especialmente pronunciado en personas con asma grave, quienes presentan ataques de obstrucción respiratoria frecuentes y requieren de atención médica de emergencia para esos casos.

A largo plazo, las afecciones respiratorias sin tratar conducen a una disminución de la función pulmonar y el daño permanente de las vías respiratorias. En el caso de la bronquitis crónica, la inflamación continua causa cicatrización y engrosamiento de las paredes bronquiales, lo que a su vez conduce a un estrechamiento de las vías respiratorias. Esta disminución en la capacidad pulmonar reduce la habilidad de la persona para participar en actividades físicas a la vez que reduce su esperanza de vida.

Además, las personas con bronquitis y asma tienen un mayor riesgo de sufrir de infecciones pulmonares recurrentes. Estas infecciones son graves y potencialmente mortales, especialmente en personas con sistemas inmunológicos debilitados. Las infecciones pulmonares recurrentes también exacerban los síntomas de las afecciones respiratorias y aumentan el riesgo de hospitalización y complicaciones graves.

Adicionalmente, existe el riesgo de que la persona con estos males pueda tener otras afecciones médicas. Por ejemplo, las personas con asma tienen un mayor riesgo de desarrollar una EPOC, generándose una disminución progresiva de la función pulmonar. Las personas con afecciones respiratorias crónicas tienen también un mayor riesgo de enfermedades del corazón ante la falta de oxígeno en la sangre debido a que la reducida función pulmonar genera una presión adicional en el corazón.

Por último, vale la pena señalar que las afecciones respiratorias generan un impacto financiero significativo. El costo de los medicamentos, las visitas al médico, las hospitalizaciones y el tiempo perdido en el trabajo son considerables. Por tanto, es a causa de todas esas razones que resulta importante poder conocer y asistir a esta serie de remedios que atienden a esta clase de afecciones.

Plantas medicinales para el tratamiento del resfriado y la gripe

Eucalipto

Esta planta oriunda de Australia se ha extendido por todo el mundo gracias a sus valiosas propiedades medicinales. Entre estas posee su alta capacidad para tratar enfermedades respiratorias como el resfriado común.

La planta de eucalipto alberga un compuesto orgánico denominado eucaliptol o cineol. Este compuesto provoca efectos antiinflamatorios y antimicrobianos, y se destaca por ser un eficaz descongestionante al estimular la producción de moco y favorecer la ventilación pulmonar ayudando a aliviar los malestares del resfriado.

Además de sus cualidades descongestionantes, el eucalipto se valora por su capacidad para aliviar la tos. El cineol ayuda a mitigar la irritación en la garganta y los pulmones, favoreciendo el despeje de las vías respiratorias para facilitar la respiración y minimizar la tos.

Una de las características valiosas del eucalipto es su acción expectorante permitiendo eliminar la mucosidad de las vías respiratorias, acción particularmente útil cuando el resfriado causa acumulación de mocos en los pulmones y vías respiratorias.

Las propiedades terapéuticas del eucalipto se aprovechan de diversas formas. Es común encontrarlo en forma de aceite esencial para inhalaciones de vapor útiles para descongestionar las vías respiratorias y aliviar los síntomas de la tos. También se usa como ingrediente frecuente en muchas tisanas diseñadas para aliviar los síntomas de resfriado y gripe.

Es vital recordar que el eucalipto, a pesar de sus beneficios, no debe consumirse internamente en grandes dosis debido a su potencial toxicidad. Además, podría desencadenar reacciones alérgicas en algunas personas, por lo que siempre es recomendable realizar una prueba en la piel antes de su uso o consumo.

En conjunto, el eucalipto representa una opción natural excepcional para enfrentar los síntomas del resfriado. Sus propiedades antiinflamatorias, antimicrobianas, descongestionantes y expectorantes permiten afrontar los síntomas más incómodos del resfriado, facilitando un proceso de recuperación más acelerado y confortable.

Remedio:

Ingredientes:

1-2 gotas de aceite esencial de eucalipto

1 olla grande de agua

Una toalla grande

Preparación:

Comienza por calentar el agua en la olla hasta que hierva. Apaga el fuego y añade 1 a 2 gotas de aceite esencial de eucalipto. Es crucial recordar que el aceite de eucalipto es potente, por lo que no se deben agregar más de un par de gotas.

Cómo usar:

Este remedio no lo vamos a ingerir, sino a inhalar. Una vez que hayas añadido el aceite esencial al agua hirviendo, coloca tu cabeza encima del vapor que nace de la olla. Es importante cerrar los ojos, pues el vapor podría causarte irritación. Ya en esa posición, deberás colocarte la toalla de manera que cubra tu cabeza y la olla. Inhala profundamente permitiendo que el vapor entre en tus vías respiratorias. Intenta mantener esta posición durante 10 a 15 minutos.

Si te sientes demasiado acalorado o si el vapor parece demasiado fuerte, levanta una esquina de la toalla para dejar entrar algo de aire fresco o en todo caso retírate para aliviar la incomodidad.

Este método de inhalación de vapor ayuda a aliviar la congestión, la tos y otros síntomas del resfriado y la gripe. Sin embargo, recuerda que el aceite esencial de eucalipto es fuerte, por lo que siempre debes comenzar con una pequeña cantidad para ver cómo reacciona tu cuerpo. Nunca debes consumir internamente el aceite esencial de eucalipto y siempre realiza una prueba de alergia antes de utilizarlo por primera vez.

Saúco (sambucus nigra)

Esta planta de origen europeo ha sido usada durante siglos por sus propiedades curativas. Las flores y frutos del saúco se han utilizado en la medicina tradicional para aliviar una variedad de afecciones, incluyendo resfriados y gripe.

La planta es rica en antioxidantes, vitamina C y otros compuestos bioactivos que fortalecen el sistema inmunológico, permitiendo al cuerpo resistir mejor las infecciones virales. Además, posee propiedades antiinflamatorias y diuréticas que ayudan a aliviar los síntomas de estas afecciones.

Las investigaciones han demostrado que el extracto de saúco acelera la recuperación de la gripe y reduce la severidad de sus síntomas. Sin embargo, es importante destacar que las bayas crudas pueden ser tóxicas y deben ser cocinadas antes de consumirse.

Remedio

Ingredientes:

2 cucharadas de flores de saúco secas

500 ml de agua

Miel al gusto

Preparación:

Comienza calentando el agua hasta que hierva. Añade las flores de saúco y deja a fuego lento durante 15 a 20 minutos. Una vez transcurrido el tiempo, retira del fuego y deja reposar durante unos minutos. Luego, cuela la preparación para eliminar las flores. Si deseas, endulza con un poco de miel.

Cómo tomar:

Bebe una taza de este té de saúco caliente tres veces al día durante el resfriado o la gripe para aprovechar sus beneficios.

Pimienta de cayena (*capsicum annuum*)

Esta planta es conocida por el chile, fruto que es rico en capsaicina, compuesto que le otorga su sabor picante y posee propiedades medicinales.

La capsaicina tiene potentes propiedades antiinflamatorias y analgésicas que alivian el dolor de garganta y otros síntomas dolorosos del resfriado y la gripe.

También tiene la capacidad de dilatar los vasos sanguíneos, lo que alivia la congestión nasal. Además, la pimienta de cayena es rica en vitamina C, nutriente esencial para el buen funcionamiento del sistema inmunológico.

Remedio

Ingredientes:

1/4 de cucharadita de pimienta de cayena en polvo

1 taza de agua caliente

Miel y limón al gusto

Preparación:

Prepara una taza de agua caliente, agrega la pimienta de cayena, el limón y la miel. Remueve hasta que los ingredientes se mezclen completamente.

Cómo tomar:

Se recomienda beber esta mezcla 2 a 3 veces al día durante la duración de los síntomas del resfriado o la gripe.

Raíz de astrágalo (astragalus membranaceus)

Esta planta es una de las más famosas de la medicina tradicional china y ha sido asistida durante siglos para aumentar la energía y fortalecer el sistema inmunológico.

El astrágalo es rico en polisacáridos, flavonoides y saponinas, compuestos que han demostrado tener propiedades antiinflamatorias y antioxidantes. Estos compuestos también estimulan el sistema inmunológico y generan efectos antivirales.

La raíz de astrágalo es útil para prevenir y aliviar los resfriados y la gripe al fortalecer el sistema inmunológico y ayudar a combatir las infecciones.

Remedio

Ingredientes:

2 cucharadas de raíz de astrágalo seca

1 litro de agua

Preparación:

Calienta el agua en una olla hasta que empiece a hervir. Añade la raíz de astrágalo y reduce el fuego. Deja que se cocine a fuego bajo durante 30 minutos. Luego, apaga el fuego y deja reposar durante 10 minutos. Finalmente, cuela el líquido para eliminar la raíz.

Cómo tomar:

Se sugiere tomar una taza de esta infusión tres veces al día para combatir los síntomas de resfriado y gripe.

Raíz de angélica (angelica archangelica)

Esta planta, comúnmente conocida como angélica, ha sido utilizada en la medicina tradicional europea y asiática por sus propiedades antiinflamatorias y expectorantes.La raíz de angélica contiene una variedad de compuestos bioactivos, incluyendo polisacáridos y lactonas sesquiterpénicas, que han demostrado tener actividad antiinflamatoria y antiviral.

Esta planta es útil para aliviar los síntomas del resfriado y la gripe como la tos y la congestión nasal, y ayuda a fortalecer el sistema inmunológico.

Remedio

Ingredientes:

1 cucharada de raíz de angélica seca

1 taza de agua

Preparación:

Hervir el agua y añadir la raíz de angélica. Dejar en infusión durante 10 minutos y luego colar.

Cómo tomar:

Se recomienda tomar esta infusión de 2 a 3 veces al día, especialmente en los primeros signos de un resfriado o gripe.

Bayas de espino (crataegus monogyna o crataegus laevigata)

El espino es una planta que ha sido utilizada en la medicina tradicional por sus propiedades cardiotónicas y antioxidantes. Las bayas del espino son ricas en antioxidantes como los flavonoides y las procianidinas que fortalecen el sistema inmunológico y protegen al cuerpo contra daños causados por los radicales libres.

Aunque la planta es más conocida por su uso en el tratamiento de afecciones del corazón, también es útil en el alivio de los síntomas del resfriado y la gripe. Las bayas de espino reducen la fiebre, alivian la tos y mejoran el bienestar general durante una infección.

Remedio

Ingredientes:

1 cucharada de bayas de espino secas

1 taza de agua

Preparación:

Pon a hervir el agua, añade las bayas de espino y deja que la mezcla se cocine a fuego lento durante 15 a 20 minutos. Después de este tiempo, retira el fuego, deja reposar y cuela.

Cómo tomar:

Se toma una taza de este té 2 veces al día. Es beneficioso tanto para aliviar los síntomas de resfriado y gripe como para fortalecer el sistema inmunológico.

Plantas medicinales para el tratamiento de la tos

Aunque algunas de estas plantas ya las he presentado en capítulos anteriores, en esta parte menciono sus beneficios que tienen específicamente para el tratamiento de la tos.

Jengibre (zingiber officinale)

Es una especie de planta cuyo rizoma o raíz de jengibre se utiliza con fines medicinales. El jengibre ha sido un componente clave en la medicina tradicional asiática durante siglos. Su efecto expectorante contribuye a la expulsión de mucosidades de los pulmones haciéndola útil para el alivio de la tos. Además, posee potentes propiedades antiinflamatorias que reducen la inflamación de la garganta que a menudo acompaña a la tos persistente.

Remedio

Ingredientes:

1 raíz de jengibre pequeña

1 taza de agua

Preparación:

Inicia pelando y rallando la raíz de jengibre. Luego, lleva una taza de agua a ebullición y añade el jengibre rallado. Deja hervir durante 10 minutos, retira del fuego y deja reposar durante 5 minutos adicionales.

Cómo tomar:

Toma esta infusión de jengibre caliente hasta 3 veces al día. Para un mayor alivio de la tos, agrega una cucharadita de miel.

Miel y limón

La combinación de miel y limón es un antiguo remedio casero para la tos y el resfriado. La miel es conocida por sus propiedades antimicrobianas y calmantes que alivian la irritación de la garganta. El limón, por otro lado, es rico en vitamina C, lo que ayuda a reforzar el sistema inmunológico y tiene propiedades antiinflamatorias. Su acidez también ayuda a romper la mucosidad y a aliviar la congestión.

Remedio

Ingredientes:

Jugo de 1 limón

2 cucharadas de miel

Preparación:

Exprime el jugo de un limón fresco y mezcla con dos cucharadas de miel en un vaso.

Cómo tomar:

Consume esta mezcla al primer signo de tos o dolor de garganta. Tómalo varias veces al día, según sea necesario.

Cebolla (allium cepa)

Ha sido utilizada como un remedio casero para la tos durante siglos. Su contenido de quercetina tiene propiedades antiinflamatorias y antioxidantes que reducen la inflamación de las vías respiratorias y alivia los síntomas de la tos. Además, los compuestos sulfúricos de la cebolla ayudan a romper la mucosidad y a aliviar la congestión.

Remedio

Ingredientes:

1 cebolla

2 cucharadas de azúcar

Preparación:

Pela y pica una cebolla en trozos pequeños, añade azúcar y mezcla bien. Deja reposar la mezcla durante la noche.

Cómo tomar:

Toma una cucharada de la mezcla dejando un espacio de pocas horas para ayudar a aliviar la tos.

Malvavisco (althaea officinalis)

La raíz y las hojas del malvavisco se han utilizado en la medicina tradicional por sus propiedades antiinflamatorias y mucilaginosas. El mucílago es una sustancia pegajosa que cubre las membranas mucosas y proporciona alivio temporal de la irritación de la garganta causada por la tos.

Remedio

Ingredientes:

2 cucharaditas de raíz de malvavisco seca

1 taza de agua

Preparación:

Lleva a hervir una taza de agua y añade la raíz de malvavisco seca. Deja que se infusione durante unos 10 a 15 minutos y luego cuela.

Cómo tomar:

Toma esta infusión de malvavisco hasta tres veces al día.

Anís (pimpinella anisum)

Se ha utilizado en la medicina tradicional por su capacidad para aliviar los espasmos del tracto gastrointestinal y respiratorio. En tanto, los compuestos de anetol y fenchona en el anís ayudan a relajar los músculos bronquiales y a aliviar la tos.

Remedio

Ingredientes:

1 cucharadita de semillas de anís

1 taza de agua

Preparación:

Calienta el agua hasta que empiece a hervir, agrega las semillas de anís y deja hervir durante unos 10 minutos. Al retirar del fuego, deja reposar durante 5 minutos.

Cómo tomar:

Toma esta infusión caliente dos o tres veces al día.

Eucalipto (eucalyptus globulus)

Las hojas de eucalipto son ampliamente reconocidas por sus propiedades antimicrobianas, antiinflamatorias y analgésicas. Su componente principal, el eucaliptol, ayuda a relajar los músculos lisos del tracto respiratorio, aliviando así la tos. Además, sus propiedades expectorantes despejan las vías respiratorias al promover la eliminación de mucosidad.

Remedio

Ingredientes:

Un puñado de hojas de eucalipto

1 litro de agua

Preparación:

Llena una olla con agua y lleva a ebullición. Una vez que el agua esté hirviendo, añade las hojas de eucalipto y deja hervir durante 10 minutos. Luego, apaga el fuego y deja que la infusión se enfríe un poco.

Cómo tomar:

Usa esta infusión de eucalipto para inhalar el vapor cubriendo tu cabeza con una toalla e inclinándote sobre la olla. No olvides mantener los ojos cerrados para evitar una irritación. Haz esto dos veces al día.

Plantas medicinales para el tratamiento de la bronquitis

Las siguientes plantas te ayudarán a tratar la bronquitis gracias a cada uno de estos remedios que te daré.

Equinácea (echinacea purpurea)

Es una planta con propiedades inmunológicas y antiinflamatorias que ha sido utilizada durante siglos en la medicina tradicional. Sus compuestos activos como los polisacáridos, flavonoides y alcamidas aumentan la producción de células blancas en la sangre y fortalecen el sistema inmunológico. Para casos de bronquitis, la equinácea combate la infección y alivia la inflamación en los bronquios. Además, actúa como un expectorante natural, facilitando la eliminación de la mucosidad y disminuyendo la congestión pulmonar.

Remedio

Ingredientes

2 cucharadas de raíz de equinácea

500 ml de agua

Preparación:

Comienza colocando las 2 cucharadas de raíz de equinácea al agua en una cacerola. Una vez hecho esto, deja que el agua llegue a punto de ebullición y luego reduce el fuego. Mantén la mezcla al fuego durante unos 15 minutos. Pasado este tiempo, cuélala y deja que se enfríe.

Cómo tomar:

Para aprovechar las propiedades de la equinácea, es recomendable tomar una taza de este té dos a tres veces al día durante el episodio de bronquitis. Beberlo caliente proporciona un alivio adicional.

Gordolobo (verbascum thapsus)

Conocido por su capacidad para aliviar los síntomas de las afecciones respiratorias, el gordolobo se ha utilizado durante mucho tiempo para el tratamiento de la bronquitis. Contiene compuestos como saponinas y mucílago, los cuales reducen la inflamación y calman la mucosa bronquial irritada. Además, estos componentes ayudan a ablandar la mucosidad para facilitar su expulsión. El gordolobo también posee propiedades antibacterianas, lo que es beneficioso si la bronquitis es causada por una infección bacteriana.

Remedio

Ingredientes:

2 cucharadas de hojas de gordolobo

1 taza de agua

Preparación:

Para preparar este remedio, primero debes agregar las hojas de gordolobo al agua en una cacerola. Luego, lleva la mezcla a ebullición. Una vez que esté hirviendo, baja el fuego y deja que se cocine durante aproximadamente 10 a 15 minutos. Después de eso, apaga el fuego y deja reposar durante unos 10 minutos. Finalmente, cuela la preparación y déjala enfriar.

Cómo tomar:

Para aliviar los síntomas de la bronquitis, toma una taza de este té de gordolobo de dos a tres veces al día. Tómalo caliente para obtener un alivio adicional.

Tomillo (thymus vulgaris)

Es una hierba rica en timol y carvacrol, dos compuestos que cuentan con propiedades expectorantes, antibióticas y antiinflamatorias. En la bronquitis, el tomillo limpia los bronquios al facilitar la expulsión de la mucosidad, reduce la inflamación y lucha contra las bacterias que causan o exacerban la infección. Además, el tomillo alivia la tos, uno de los síntomas más comunes y molestos de la bronquitis.

Remedio

Ingredientes:

1 cucharada de hojas de tomillo

1 taza de agua

Preparación:

Empieza por añadir las hojas de tomillo al agua en una cacerola. Luego, lleva el agua a ebullición. Una vez que el agua esté hirviendo, reduce el fuego y déjalo durante unos 10 minutos. Después de este tiempo, apaga el fuego y deja reposar durante unos minutos. Finalmente, cuela la preparación y que enfríe.

Cómo tomar:

Bebe una taza de este té de tomillo de dos a tres veces al día para ayudar a aliviar los síntomas de la bronquitis. Bébelo caliente para obtener un alivio adicional.

Llantén (plantago major)

Esta hierba utilizada en la medicina tradicional es de gran ayuda para el tratamiento de la bronquitis. Contiene mucílagos que calman la garganta y los bronquios, y reduce la inflamación. También tiene propiedades antibacterianas y antiinflamatorias que combaten las infecciones que causan la bronquitis. Además, la planta de llantén actúa como un expectorante, ayudando a expulsar el exceso de mucosidad de los bronquios.

Remedio

Ingredientes:

2 cucharadas de hojas de llantén

1 taza de agua

Preparación:

Primero, agrega las hojas de llantén al agua en una cacerola. Luego, lleva el agua a ebullición. Una vez que esté hirviendo, reduce el fuego y déjalo durante unos 10 minutos. Después de este tiempo, apaga el fuego y deja reposar durante unos minutos. Finalmente, cuela la preparación y que enfríe.

Cómo tomar:

Toma una taza de este té de llantén de 2 a 3 veces al día para ayudar a aliviar los síntomas de la bronquitis. Beberlo caliente da un alivio adicional.

Orégano (origanum vulgare)

Es una planta medicinal reconocida por sus propiedades anti-bacterianas, antivirales y antiinflamatorias. Contiene compuestos como el carvacrol y el timol. Estos ayudan a combatir las infecciones bacterianas y virales que causan la bronquitis. También reducen la inflamación en los bronquios y ayudan a aliviar los síntomas de la bronquitis como la tos y la dificultad para respirar.

Remedio

Ingredientes:

1 cucharada de hojas de orégano

1 taza de agua

Preparación:

Para preparar este remedio, añade las hojas de orégano al agua en una cacerola. A continuación, lleva la mezcla a ebullición. Una vez que esté hirviendo, reduce el fuego por unos 10 minutos. Después de ese tiempo, apaga y deja reposar durante unos minutos. Por último, cuela la preparación y déjala enfriar.

Cómo tomar:

Para aliviar los síntomas de la bronquitis, toma una taza de este té de orégano de dos a tres veces al día.

Plantas medicinales para el tratamiento del asma

Ahora es el momento de conocer algunos remedios para el tratamiento del asma. Estas son las hierbas y plantas que son recomendadas y sus recetas.

Ginkgo biloba (*ginkgo biloba*)

Es una planta cuyas hojas se utilizan en la medicina tradicional para tratar diversas afecciones incluido el asma. Su beneficio radica en su capacidad para disminuir la inflamación de los pulmones, siendo apropiado para las personas con asma al ser una enfermedad caracterizada por la inflamación crónica de las vías respiratorias.

Los componentes del ginkgo biloba como los ginkgólidos y bilobálidos poseen propiedades antiinflamatorias y antioxidantes. Estos compuestos ayudan a combatir el estrés oxidativo y reducir la inflamación de los pulmones ayudando a disminuir la frecuencia y severidad de los ataques de asma. Además, el ginkgo biloba inhibe la actividad de las plaquetas activadoras (PAF) que juegan un papel en la inflamación de las vías respiratorias.

Remedio

Ingredientes:

1 cucharadita de hojas secas de ginkgo biloba.

1 taza de agua.

Preparación:

Para preparar esta infusión, primero debes hervir una taza de agua en una olla. Una vez que el agua comienza a hervir, agrega la cucharadita de hojas secas de ginkgo biloba. Deja que la mezcla hierva a fuego lento durante unos 10 minutos para permitir que los ingredientes activos de las hojas se liberen en el agua. Después de este tiempo, apaga el fuego y deja reposar la infusión durante unos 5 minutos.

Cómo tomar:

Este remedio se debe consumir una vez al día, preferiblemente por la mañana. Bebe la infusión lentamente y trata de inhalar el vapor mientras lo haces para aprovechar al máximo sus propiedades. Es importante recordar que aunque el ginkgo biloba ayuda en el tratamiento del asma no debe ser utilizado como un sustituto para la medicación recetada por un médico.

Boswellia (boswellia serrata)

Conocida comúnmente como el incienso indio. Ha sido utilizada en la medicina ayurvédica durante siglos por sus propiedades antiinflamatorias. En el tratamiento del asma, la boswellia es especialmente beneficiosa debido a su capacidad para inhibir la producción de leucotrienos, sustancias inflamatorias que causan la constricción de las vías respiratorias en personas con asma.

Los ácidos boswélicos presentes en la boswellia reducen la inflamación y mejoran la función pulmonar disminuyendo la frecuencia de los ataques de asma. Además, estudios sugieren que la boswellia es efectiva para reducir los síntomas del asma, incluyendo la falta de aliento, la tos y la producción excesiva de moco.

Remedio

Ingredientes:

1 cucharadita de resina de boswellia

1 taza de agua caliente

Preparación:

Preparar este remedio es bastante sencillo. Primero, agrega una cucharadita de resina de boswellia en una taza de agua caliente, luego revuelve bien hasta que la resina se disuelva por completo. Deja reposar la mezcla durante unos 10 minutos para permitir que se liberen todas las propiedades medicinales.

Cómo tomar:

Se recomienda beber esta mezcla una vez al día. La boswellia tiene un sabor amargo, por lo que una opción es agregar un poco de miel para mejorar su sabor si lo deseas. Es importante recordar que la boswellia interactúa con ciertos medicamentos, por lo que siempre es mejor consultar a un médico antes de comenzar cualquier tratamiento con estas hierbas.

Regaliz (glycyrrhiza glabra)

Particularmente su raíz, es ampliamente conocida por sus propiedades antiinflamatorias y antioxidantes. Estos efectos son beneficiosos para combatir el asma, ya que la inflamación y el estrés oxidativo son recurrentes de esta enfermedad.

La raíz de regaliz contiene glicirricina y flavonoides que han demostrado tener propiedades antiinflamatorias y antioxidantes. Disminuyen también la inflamación de las vías respiratorias y protegen las células pulmonares del daño causado por los radicales libres. Además, la glicirricina también inhibe la producción de ciertos mediadores inflamatorios que están involucrados en los ataques de asma.

Remedio

Ingredientes:

1 cucharadita de raíz de regaliz en polvo

1 taza de agua

Preparación:

Coloca el agua a hervir en una olla y una vez alcance el punto de ebullición, añade la cucharadita de raíz de regaliz en polvo. Deja hervir a fuego bajo durante unos 10 minutos, luego apaga el fuego y deja que el preparado repose durante otros 10 minutos.

Cómo tomar:

Toma esta infusión una vez al día. La raíz de regaliz tiene un sabor bastante dulce, por lo que no deberías necesitar endulzarla. Si estás tomando medicamentos, consulta a tu médico antes de consumirla.

Cola de caballo (*equisetum arvense*)

Es una planta rica en minerales y antioxidantes haciéndolo beneficioso para las personas con asma. La silice, mineral abundante en la cola de caballo, contribuye con la fortaleza del tejido conectivo en los pulmones. En tanto, los antioxidantes combaten el estrés oxidativo que se produce durante un ataque de asma.

La cola de caballo cuenta también con propiedades diuréticas, lo que significa que ayuda al cuerpo a eliminar el exceso de líquidos. Esto podría ser beneficioso en el asma, pues algunos estudios sugieren que el exceso de líquido en el cuerpo aumenta la inflamación de las vías respiratorias.

Remedio

Ingredientes:

1 cucharada de cola de caballo seca

1 taza de agua

Preparación:

Lleva el agua a ebullición en una olla. Una vez que comience a hervir, añade la cola de caballo seca y deja hervir a fuego bajo durante unos 10 minutos. Después de este tiempo, apaga el fuego y deja reposar la infusión durante unos 5 a 10 minutos.

Cómo tomar:

Bebe una taza de esta infusión cada día. Si deseas, endúlzala con un poco de miel.

Té verde (camellia sinensis)

Es una bebida rica en antioxidantes conocidos como catequinas que juegan un papel beneficioso en el tratamiento del asma. Los antioxidantes presentes en el té verde combaten el daño causado por los radicales libres, los cuales provocan la inflamación y el daño tisular en las vías respiratorias.

Además, el té verde contiene teanina, aminoácido que tiene efectos calmantes y antiinflamatorios. Algunas investigaciones sugieren que la teanina reduce la inflamación en las vías respiratorias y alivia los síntomas del asma.

Remedio

Ingredientes:

1 bolsita de té verde

1 taza de agua caliente

Preparación:

Para este remedio, simplemente vierte agua caliente en una taza con la bolsita de té verde y déjala en infusión durante unos 3 a 5 minutos.

Cómo tomar:

Bebe hasta 3 tazas de té verde al día. Si prefieres, endúlzalo con un poco de miel.

Cúrcuma (curcuma longa)

Debido a su componente activo llamado curcumina es que ha sido utilizada por la medicina tradicional. Esto se debe a sus potentes propiedades antiinflamatorias y antioxidantes. En el contexto del asma, la curcumina reduce la inflamación de las vías respiratorias y protege las células pulmonares del daño oxidativo.

Estudios demuestran que la curcumina inhibe la producción de ciertos mediadores inflamatorios que desempeñan un papel en la contracción de las vías respiratorias en el asma. Además, la curcumina modera la respuesta inmunitaria del cuerpo, lo que podría ser beneficioso, pues el asma es una enfermedad en la que el sistema inmunitario reacciona de forma exagerada a ciertos estímulos.

Remedio

Ingredientes:

1 cucharadita de cúrcuma en polvo

1 taza de leche caliente

Preparación:

Simplemente mezcla la cúrcuma en polvo en la leche caliente y revuelve bien hasta que se disuelva por completo.

Cómo tomar:

Bebe esta mezcla una vez al día.

***

Este capítulo te ha llevado a través del apasionante mundo de las plantas medicinales y su uso en el tratamiento de diversas afecciones respiratorias como la tos, la bronquitis y el asma. Sin embargo, es crucial recordar que aunque estas hierbas y plantas proporcionan alivio y apoyo no deben ser utilizadas como sustitutos de un tratamiento médico convencional. No olvides también que cada persona es única y lo que funciona para uno podría no funcionar para otro. Por lo tanto, es fundamental que cada tratamiento se personalice según las necesidades y reacciones individuales de cada persona.

Asegúrate de que las plantas que utilizas sean de buena calidad y, si es posible, orgánicas. Con un uso y dosificación adecuados, las plantas medicinales se convierten en poderosos aliados para tu salud respiratoria. Así que adelante, explora y disfruta de los beneficios que la madre naturaleza tiene para ofrecer.

7

Plantas y hierbas para otras afecciones

El corazón y el sistema digestivo son dos de los sistemas más esenciales en el cuerpo humano por estar intrínsecamente vinculados a nuestro bienestar general. El corazón se encarga de bombear la sangre a todas partes de nuestro cuerpo, mientras que el sistema digestivo procesa los alimentos y extrae los nutrientes necesarios para darnos energía. De ahí por qué debemos estar interesados en conocer esas plantas medicinales que apoyan y mejoran las funciones de ambas áreas. Este capítulo presentará diversas alternativas que se han utilizado tradicionalmente para mejorar la salud del corazón y la digestión e incorporarlas a nuestras dietas y estilos de vida.

Por otro lado, el dolor articular y la artritis son afecciones comunes en la actualidad de millones de personas en todo el mundo. Estos malestares limitan la movilidad y disminuyen la calidad de vida. Frente a esto, las hierbas medicinales ofrecen un alivio natural y efectivo para estos problemas. Es por que también he incluido en este capítulo algunas de las plantas más efectivas para aliviar el dolor articular y la artritis.

De igual forma, vas a encontrar remedios a base de plantas y hierbas para las inflamaciones, quemaduras, úlceras e infecciones que son algunos de los problemas de salud más comunes que enfrentamos en nuestra vida cotidiana. Aunque existen muchos medicamentos disponibles para tratar estos problemas, los remedios naturales a base de plantas son una alternativa efectiva y segura.

Por último, otras de las afecciones que voy a abordar en este capítulo son la acidez estomacal y las hemorroides, problemas comunes que causan dolores significativos. Para todos los casos, encontrarás instrucciones sobre cómo utilizar de manera segura y eficaz esas plantas medicinales que te ayudarán a tratarlos.

Así que sigue avanzando en la lectura.

Plantas medicinales para el corazón y la digestión

Las causas de las enfermedades cardiovasculares pueden devenir por razones genéticas o algún desequilibrio en nuestro estilo de vida. Las genéticas o de predisposición hereditaria tiene que ver con la transmisión de enfermedades cardiovasculares de generación en generación consecuencia de una anomalía cromosómica que afecta la estructura y el funcionamiento del corazón.

Las razones relacionadas con el estilo de vida son habitualmente muy comunes a cualquier sociedad. Pueden ser a causa de la obesidad, el sedentarismo, el tabaquismo y el consumo excesivo de alcohol. Estas rutinas llevan a condiciones como la hipertensión arterial, el colesterol alto y la diabetes. Por ejemplo, caso el tabaquismo, las sustancias químicas que tiene el tabaco daña el corazón y los vasos sanguíneos, lo que lleva a una mayor probabilidad de desarrollar una aterosclerosis y una enfermedad arterial coronaria.

Las consecuencias de las enfermedades cardiovasculares son graves y potencialmente mortales. Estas incluyen ataques al corazón, insuficiencia cardíaca, accidentes cerebrovasculares o hasta la muerte. Además, las enfermedades cardiovasculares originan una disminución en la calidad de vida provocando limitaciones en la capacidad para realizar actividades diarias al punto de que la persona que lo padece pueda ser físicamente dependiente.

Remedios para el corazón

A continuación, te compartiré algunas hierbas y remedios para fortalecer la buena función del corazón. Cada una de estas tiene propiedades únicas que benefician la salud del corazón, ya sea a través de la reducción de la presión arterial, la mejora de la circulación, la disminución del colesterol, la promoción de la relajación o la reducción del estrés.

Remedio: Tónico cardíaco de espino, ginkgo y ajo.

Ingredientes:

2 cucharaditas de bayas de espino secas

2 cucharaditas de hojas de ginkgo biloba secas

2 dientes de ajo

500 ml de agua

Preparación:

En una olla, hierve el agua. Agrega las bayas de espino, las hojas de ginkgo y los dientes de ajo picados. Deja que la mezcla hierva a fuego lento durante 20 minutos. Luego, cuela la infusión y deja que se enfríe.

Cómo tomar:

Bebe esta infusión dos veces al día, preferentemente en la mañana y en la tarde.

Beneficios para el corazón:

Este tónico combina las propiedades antioxidantes y antiinflamatorias del espino, ginkgo y ajo, ayudando a mejorar la circulación, reducir la presión arterial y prevenir la acumulación de placa en las arterias.

Remedio: Batido de cúrcuma, jengibre y naranja.

Ingredientes:

1 cucharadita de cúrcuma en polvo

1 cucharadita de jengibre rallado

El zumo de 2 naranjas

1 cucharadita de miel (opcional)

Preparación:

Exprime el zumo de las naranjas y viértelo en la licuadora junto con la cúrcuma, el jengibre y la miel. Mezcla hasta obtener una consistencia suave.

Cómo tomar:

Toma este batido en la mañana antes del desayuno.

Beneficios para el corazón:

Este batido aporta antioxidantes y antiinflamatorios que

previenen enfermedades del corazón, mejoran la circulación y reducen el colesterol.

Remedio: Infusión de té verde y canela.

Ingredientes:

1 bolsita de té verde

1 rama de canela

1 taza de agua

Preparación:

Hierve el agua y añade la bolsita de té verde y la rama de canela. Deja que la mezcla repose durante 5 a 10 minutos. Retira la bolsita de té y la rama de canela, y deja que se enfríe un poco.

Cómo tomar:

Bebe esta infusión dos veces al día.

Beneficios para el corazón:

La combinación de té verde y canela proporciona antioxidantes que reducen el riesgo de enfermedades cardiovasculares, disminuyendo los niveles de colesterol malo y aumentando los niveles de colesterol bueno.

Remedio: Aceite de semillas de lino

Ingredientes:

1 cucharadita de aceite de semillas de lino

Cómo tomar:

Incluye esta cucharadita de aceite en tu dieta diaria añadiéndola a tus ensaladas o batidos.

Beneficios para el corazón:

El aceite de semillas de lino es una excelente fuente de ácidos grasos como el omega-3, esencial para la salud del corazón. Ayuda a reducir la inflamación en el cuerpo y a prevenir la formación de coágulos sanguíneos que podrían llevar a un ataque al corazón.

Remedio: Infusión de olivo y diente de león

Ingredientes:

1 cucharadita de hojas de olivo secas

1 cucharadita de raíz de diente de león secas

1 taza de agua

Preparación:

Hierve el agua, apague el fuego y añade las hojas de olivo y la raíz de diente de león. Deja que la infusión repose durante 10 minutos, luego cuela y deja enfriar.

Cómo tomar:

Bebe esta infusión dos veces al día, preferentemente en la mañana y en la tarde.

Beneficios para el corazón:

Las hojas de olivo y el diente de león tienen propiedades que ayudan a regular la presión arterial, reducen el colesterol y previenen enfermedades cardiovasculares.

Remedio: Té de arándanos y menta

Ingredientes:

1 cucharada de arándanos secos

1 cucharada de hojas de menta

1 taza de agua

Preparación:

Hierve el agua, apague el fuego y añade los arándanos y la menta. Deja que la mezcla repose durante 10 minutos, luego cuela y deja enfriar.

Cómo tomar:

Bebe este té una vez al día.

Beneficios para el corazón:

Los arándanos al ser ricos en antioxidantes protegen el corazón, mientras que la menta mejora la circulación.

Concluido los remedios que asisten al corazón, es momento de compartir los que alivian los problemas digestivos. El sistema digestivo es una red compleja que juega un papel vital en el bienestar general del cuerpo humano. Este se encarga de descomponer los alimentos, extraer y absorber nutrientes y energía, y eliminar los residuos. Cualquier interrupción en su funcionamiento podría causar una serie de problemas para la salud.

Las causas de los problemas digestivos son variadas y dependen de la condición de la persona. Entre los factores comunes incluyen una dieta baja en fibra, la ingesta excesiva de alimentos grasos y procesados, el estrés, el sedentarismo y el consumo de alcohol y tabaco. Enfermedades como la enfermedad de Crohn, la enfermedad celíaca, el síndrome del intestino irritable, las úlceras y el cáncer de colon también causan trastornos digestivos.

Sus consecuencias van más allá de la incomodidad y el dolor abdominal. La mala absorción de nutrientes causa deficiencias nutricionales y pérdida de peso. Algunas condiciones como el reflujo ácido dañan el esófago y aumentan el riesgo de desarrollar cáncer de esófago. Los trastornos digestivos crónicos afectan la calidad de vida, limitan la actividad física y contribuyen al desarrollo de problemas de salud mental como la ansiedad y la depresión.

Remedios para la digestión

A continuación, te presento algunos remedios para tratar este tipo de problemas.

Remedio: Infusión de hinojo y manzanilla

Ingredientes:

1 cucharada de semillas de hinojo

1 cucharada de flores de manzanilla

2 tazas de agua

Preparación:

Primero, hierve el agua en una cacerola. Una vez que el agua esté hirviendo, agrega las semillas de hinojo y las flores de manzanilla. Apaga el fuego y deja que la infusión repose durante 10 minutos. Finalmente, cuela la infusión y estará lista para beber.

Cómo tomar:

Bebe una taza de esta infusión después de las comidas.

Beneficios para el sistema digestivo:

Este remedio ayuda a la digestión aliviando la indigestión y la hinchazón. El hinojo y la manzanilla tienen propiedades carminativas y antiespasmódicas que relajan los músculos del tracto digestivo.

Remedio: Té de hierbabuena y jengibre

Ingredientes:

1 cucharada de hojas de hierbabuena

1 cucharadita de jengibre rallado

2 tazas de agua

Preparación:

Comienza hirviendo el agua en una cacerola. Luego, añade las hojas de hierbabuena y el jengibre rallado. Deja que se cueza a fuego lento durante 10 minutos. Apaga el fuego y deja reposar la infusión durante otros 10 minutos. Finalmente, cuela la infusión antes de beberla.

Cómo tomar:

Bebe una taza de esta infusión después de las comidas.

Beneficios para el sistema digestivo:

Este remedio facilita la digestión y alivia la hinchazón y los calambres estomacales. La hierbabuena y el jengibre tienen propiedades digestivas y carminativas que alivian los trastornos digestivos.

Remedio: Infusión de anís y cúrcuma

Ingredientes:

1 cucharada de semillas de anís

1 cucharadita de cúrcuma en polvo

2 tazas de agua

Preparación:

Hierve el agua en una cacerola. Luego, añade las semillas de anís y la cúrcuma en polvo. Deja que la infusión se cocine a fuego lento durante 10 minutos. Apaga el fuego y deja reposar la infusión durante 10 minutos. Cuela la infusión antes de beberla.

Cómo tomar:

Bebe una taza de esta infusión después de las comidas.

Beneficios para el sistema digestivo:

Este remedio ayuda a la digestión aliviando la indigestión y los gases. El anís y la cúrcuma tienen propiedades carminativas y antiinflamatorias que promueven una buena digestión.

Remedio: Decocción de raíz de regaliz y semillas de hinojo

Ingredientes:

1 cucharada de raíz de regaliz

1 cucharada de semillas de hinojo

2 tazas de agua

Preparación:

Comienza hirviendo el agua en una cacerola. Luego, añade la raíz de regaliz y las semillas de hinojo. Deja que se cueza a fuego lento durante 20 minutos. Después, apaga el fuego y deja reposar la decocción durante 10 minutos. Cuela antes de beberla.

Cómo tomar:

Bebe una taza de esta decocción después de las comidas.

Beneficios para el sistema digestivo:

Este remedio favorece la digestión y alivia la acidez estomacal y la indigestión. La raíz de regaliz y el hinojo tienen propiedades digestivas y carminativas que calman el tracto gastrointestinal.

Remedio: Infusión de hojas de albahaca y miel

Ingredientes:

1 cucharada de hojas de albahaca

1 cucharada de miel

2 tazas de agua

Preparación:

Hierve el agua en una cacerola. Luego, añade las hojas de albahaca y deja que se cueza a fuego lento durante 10 minutos. Apaga el fuego y deja reposar la infusión durante 10 minutos. Cuela la infusión y añade la miel antes de beberla.

Cómo tomar:

Bebe una taza de esta infusión después de las comidas.

Beneficios para el sistema digestivo:

Este remedio facilita la digestión y alivia la indigestión. La albahaca y la miel tienen propiedades antiinflamatorias y digestivas que alivian los trastornos digestivos.

Remedio: Infusión de semillas de comino y hojas de menta

Ingredientes:

1 cucharada de semillas de comino

1 cucharada de hojas de menta

2 tazas de agua

Preparación:

Comienza hirviendo el agua en una cacerola. A continuación, añade las semillas de comino y las hojas de menta. Deja que se cueza a fuego lento durante 10 minutos. Después, apaga el fuego y deja reposar la infusión durante 10 minutos. Cuela la infusión antes de beberla.

Cómo tomar:

Bebe una taza de esta infusión después de las comidas.

Beneficios para el sistema digestivo:

Este remedio ayuda a la digestión aliviando la hinchazón y los gases. Las semillas de comino y la menta tienen propiedades carminativas y antiespasmódicas que promueven una buena digestión.

Remedio: Infusión de diente de león y hojas de menta

Ingredientes:

1 cucharada de raíz de diente de león

1 cucharada de hojas de menta

2 tazas de agua

Preparación:

Hierve el agua en una cacerola. Luego, añade la raíz de diente de león y las hojas de menta. Deja que se cueza a fuego lento durante 10 minutos. Apaga el fuego y deja reposar la infusión durante 10 minutos. Cuela la infusión antes de beberla.

Cómo tomar:

Bebe una taza de esta infusión después de las comidas.

Beneficios para el sistema digestivo:

Este remedio facilita la digestión y ayuda en la desintoxicación del hígado. El diente de león y la menta tienen propiedades depurativas y digestivas que promueven un sistema digestivo saludable.

Remedio: Té de raíz de jengibre y miel

Ingredientes:

1 cucharada de raíz de jengibre rallada

1 cucharada de miel

2 tazas de agua

Preparación:

Comienza hirviendo el agua en una cacerola. Luego, añade la raíz de jengibre rallada. Deja que se cueza a fuego lento durante 10 minutos. Después, apaga el fuego y deja reposar la infusión durante 10 minutos. Cuela la infusión y añade la miel antes de beberla.

Cómo tomar:

Bebe una taza de este té después de las comidas.

Beneficios para el sistema digestivo:

Este remedio ayuda a la digestión y alivia la náusea y el malestar estomacal. El jengibre y la miel tienen propiedades antiinflamatorias y carminativas que promueven una buena digestión.

Remedio: Té de canela y miel

Ingredientes:

1 cucharada de canela en polvo

1 cucharada de miel

2 tazas de agua

Preparación:

Hierve el agua en una cacerola. Luego, añade la canela en polvo. Deja que se cueza a fuego lento durante 10 minutos. Apaga el fuego y deja reposar el té durante 10 minutos. Cuela el té y añade la miel antes de beberlo.

Cómo tomar:

Bebe una taza de este té después de las comidas.

Beneficios para el sistema digestivo:

Este remedio ayuda a la digestión y alivia la hinchazón. La canela y la miel tienen propiedades antiinflamatorias y digestivas que ayudan a regular el sistema digestivo.

Remedio: Infusión de aloe vera y miel

Ingredientes:

1 cucharada de gel de aloe vera

1 cucharada de miel

2 tazas de agua

Preparación:

Comienza hirviendo el agua en una cacerola. Luego, añade el gel de aloe vera. Deja que se cueza a fuego lento durante 10 minutos. Apaga el fuego y deja reposar la infusión durante 10 minutos. Cuela la infusión y añade la miel antes de beberla.

Cómo tomar:

Bebe una taza de esta infusión después de las comidas.

Beneficios para el sistema digestivo:

Este remedio facilita la digestión y alivia la acidez estomacal. El aloe vera y la miel tienen propiedades antiinflamatorias y digestivas que alivian los trastornos digestivos.

Hierbas para curar el dolor de la artritis y el dolor articular

La artritis es una afección que causa inflamación y dolor en las articulaciones. Debemos tomar en cuenta que cuando nos referimos a "artritis", este es un término general al abarcar más de 100 enfermedades y condiciones diferentes, entre las que se encuentran la osteoartritis, la artritis reumatoide, la gota y la espondilitis anquilosante.

La artritis se caracteriza por el dolor, rigidez y, en algunos casos, la hinchazón en o alrededor de las articulaciones. Estos síntomas se desarrollan gradualmente a lo largo del tiempo o aparecen de repente. El malestar puede ser leve, moderado o severo. En casos extremos, la artritis causa atrofias físicas en las articulaciones como nudos o deformidades. Algunas formas de artritis también afectan otras partes del cuerpo como el corazón, los ojos, los pulmones, los riñones y la piel.

Por otro lado, el dolor articular es una sensación de incomodidad, molestia o rigidez en una o más articulaciones del cuerpo. Sus causantes pueden ser por artritis, bursitis, tendinitis, esguinces, distensiones y otras lesiones. El dolor varía desde una molestia leve hasta una dolencia severa y debilitante que interfiere con la movilidad y la calidad de vida.

Si bien tanto la artritis como el dolor articular son manejables con un tratamiento adecuado, ignorar sus síntomas generaría serias consecuencias. La inflamación crónica de las articulaciones conduce a un daño articular permanente hasta la pérdida de su función dificultando las actividades diarias en la persona. Además, la artritis y el dolor articular puede provocar problemas de salud mental.

A propósito de la obstrucción del estado físico, una persona puede caer en depresión o ser víctima de la ansiedad. Por eso, es fundamental buscar atención médica si experimentas síntomas persistentes de artritis o dolor articular.

Remedios para las artritis y dolores articulares

A continuación, te presento una lista de hierbas que te ayudarán a aliviar los síntomas de la artritis y el dolor articular:

- Romero (*rosmarinus officinalis*)
- Eufrasia (*euphrasia officinalis*)
- Cayena (*capsicum annuum*)
- Árnica (*arnica montana*)
- Manzanilla (*matricaria recutita*)
- Consuelda (*symphytum officinale*)
- Caléndula (*calendula officinalis*)

Ahora, te comparto las instrucciones para que puedas elaborar tus remedios en base a estas hierbas.

Remedio: Bálsamo de romero y aceite de oliva

Ingredientes:

1 taza de hojas frescas de romero

2 tazas de aceite de oliva virgen extra

1/4 taza de cera de abejas

Preparación:

Coloca las hojas de romero y el aceite de oliva en una olla de cocción lenta. Deja que la mezcla se caliente a fuego lento durante al menos 5 horas. Luego, cuela el aceite para eliminar las hojas de romero y vuelve a colocarlo en la olla. Añade la cera de abejas y revuelve hasta que se derrita por completo. Finalmente, vierte la mezcla en recipientes pequeños y deja que se enfríe completamente antes de taparlo.

Cómo utilizar:

Aplica este bálsamo sobre las zonas afectadas para aliviar el dolor y la inflamación de la artritis y las articulaciones.

Remedio: Té de uña de gato con miel

Ingredientes:

1 cucharadita de corteza de uña de gato

1 cucharadita de miel

1 taza de agua

Preparación:

Hierve la corteza de uña de gato en agua durante unos 15 minutos. Cuela el líquido en una taza y añade la miel.

Cómo tomar:

Toma este té una vez al día.

Beneficios:

La uña de gato tiene propiedades antiinflamatorias que alivian los síntomas de la artritis y el dolor articular, además la miel añade un toque dulce y también tiene propiedades antiinflamatorias.

Remedio: Tónico de cúrcuma y jengibre

Ingredientes:

1 taza de agua

1/2 cucharadita de cúrcuma en polvo

1/2 cucharadita de jengibre en polvo

1 cucharadita de miel

Preparación:

Hierve el agua en una olla pequeña. Añade la cúrcuma y el jengibre en polvo y deja que la mezcla hierva a fuego lento durante unos 10 minutos. Cuela el líquido y añade la miel.

Cómo tomar:

Bebe este tónico una vez al día.

Beneficios:

Tanto la cúrcuma como el jengibre tienen propiedades antiinflamatorias que sirven para aliviar los síntomas de la artritis y el dolor articular.

Remedio: Compresa de harpagofito

Ingredientes:

1 cucharada de raíz de harpagofito triturada

1 taza de agua caliente

Preparación:

Agrega la raíz de harpagofito a la taza de agua caliente. Déjalo reposar durante 15 minutos y luego cuela la mezcla.

Cómo utilizar:

Toma un paño de algodón, sumérgelo en la mezcla tibia preparada para después escurrir el exceso de líquido. Aplica la compresa tibia en las áreas con dolor articular. Repite la aplicación dos veces al día.

Beneficios:

El harpagofito es conocido por sus propiedades antiinflamatorias y analgésicas, lo que lo convierte en un excelente remedio para la artritis y el dolor articular.

Remedio: Infusión de sauce blanco

Ingredientes:

1 cucharadita de corteza de sauce blanco

1 taza de agua

Miel al gusto

Preparación:

Calienta el agua hasta que hierva. Agrega la corteza de sauce blanco y deja que se infusione durante unos 10 minutos. Cuela y endulza con miel al gusto.

Cómo tomar:

Bebe esta infusión dos veces al día.

Beneficios:

El sauce blanco contiene salicina, compuesto que el cuerpo convierte en ácido salicílico, sustancia con propiedades analgésicas y antiinflamatorias.

Remedio: Baño de salvia

Ingredientes:

2 tazas de hojas de salvia

Agua caliente suficiente para llenar la bañera

Preparación:

Llena la bañera con agua caliente. Agrega las hojas de salvia y deja que liberen sus aceites en el agua durante unos 15 minutos.

Cómo utilizar:

Sumérgete en la bañera durante al menos 20 minutos. Repite esto dos veces por semana.

Beneficios:

La salvia tiene propiedades antiinflamatorias que alivian los síntomas de la artritis y el dolor articular.

Remedio: Cataplasma de pimienta de cayena

Ingredientes:

2 cucharadas de pimienta de cayena

Agua suficiente para formar una pasta

Preparación:

Mezcla la pimienta de cayena con agua hasta formar una pasta.

Cómo utilizar:

Aplica esta pasta directamente sobre las áreas afectadas y cúbrela con un paño. Déjalo actuar durante unos 15 minutos y luego enjuaga con agua tibia.

Beneficios:

La pimienta de cayena contiene capsaicina, compuesto que tiene propiedades analgésicas y antiinflamatorias.

Remedios antiinflamatorios naturales para quemaduras, ulceras, infecciones e inflamación general

En este segmento te comparto remedios que son antiinflamatorios naturales para casos de quemaduras, úlceras e infecciones.

Remedio: Aloe vera y manzanilla para quemaduras

Ingredientes:

2 hojas de aloe vera

1 bolsita de té de manzanilla

Agua

Preparación:

Hierve agua y viértela sobre la bolsita de té de manzanilla. Deja reposar hasta que se enfríe. Mientras tanto, extrae el gel de las hojas de aloe vera. Mezcla el gel de aloe vera con el té de manzanilla frío.

Cómo aplicar:

Aplica esta mezcla sobre la quemadura. Guárdala en el refrigerador para que dure más tiempo.

Beneficios:

Ambos ingredientes son conocidos por sus propiedades antiinflamatorias y calmantes que ayudan a aliviar el dolor y promover la curación de la piel quemada.

Remedio: Vinagre de manzana y miel para quemaduras

Ingredientes:

1 cucharada de vinagre de manzana

1 cucharada de miel

Preparación:

Mezcla el vinagre de manzana con la miel.

Cómo aplicar:

Aplica esta mezcla sobre la quemadura y cúbrela con un vendaje limpio. Cambia el vendaje y aplica una nueva mezcla a cada uso. Se recomienda hacerlo al menos una vez al día.

Beneficios:

El vinagre de manzana tiene propiedades antiinflamatorias y antibacterianas. En tanto, la miel ayuda a mantener la humedad y a promover la curación de la piel.

Remedio: Lavanda para quemaduras

Ingredientes:

2 gotas de aceite esencial de lavanda

1 cucharadita de aceite de coco

Preparación:

Mezcla el aceite esencial de lavanda con el aceite de coco.

Cómo aplicar:

Aplica esta mezcla sobre la quemadura. Repite el proceso de 2 a 3 veces al día.

Beneficios:

La lavanda tiene propiedades antiinflamatorias y antibacterianas que alivian el dolor y promueven la curación de la piel quemada.

Remedio: Aceite de coco para quemaduras

Ingredientes:

1 cucharadita de aceite de coco

Preparación:

No es necesaria ninguna preparación.

Cómo aplicar:

Aplica el aceite de coco directamente sobre la quemadura. Repite el proceso de 2 a 3 veces al día.

Beneficios:

El aceite de coco tiene propiedades antiinflamatorias y antimicrobianas que alivian el dolor y promueven la curación de la piel quemada.

Remedio: Miel y aloe vera para quemaduras

Ingredientes:

1 cucharada de miel

1 cucharada de gel de aloe vera

Preparación:

Mezcla la miel con el gel de aloe vera hasta obtener una pasta suave.

Cómo aplicar:

Aplica la pasta en la quemadura y cúbrela con un vendaje. Cambia el vendaje y aplica una nueva mezcla 2 o 3 veces al día.

Beneficios:

Tanto la miel como el aloe vera tienen propiedades antiinflamatorias y antibacterianas que ayudan a la curación y alivian las quemaduras.

Remedios: Cataplasma de papa para quemaduras

Ingredientes:

1 papa mediana

1 vendaje limpio

Preparación:

Ralla la papa y coloca la ralladura en el vendaje.

Cómo aplicar:

Coloca el vendaje con la ralladura de papa sobre la quemadura y déjalo durante 1 hora. Repite el proceso de 2 a 3 veces al día.

Beneficios:

Las papas contienen almidón que ayudan a aliviar el dolor y reducen la inflamación de las quemaduras.

Remedio: Cataplasma de caléndula para quemaduras

Ingredientes:

1 cucharada de flores de caléndula trituradas

1 poco de agua para hacer una pasta

Preparación:

Mezcla las flores de caléndula con agua hasta obtener una pasta.

Cómo aplicar:

Aplica la pasta sobre la quemadura y cúbrela con un vendaje. Cambia el vendaje y aplica una nueva 2 o 3 veces al día.

Beneficios:

La caléndula tiene propiedades antiinflamatorias y cicatrizantes que alivian el dolor y promueven la curación de las quemaduras.

Remedio: Cataplasma de avena para quemaduras

Ingredientes:

1 cucharada de avena

1 cucharada de aceite de oliva extra virgen.

Preparación:

Mezcla la avena con el aceite de oliva para obtener una pasta.

Cómo aplicar:

Aplica la pasta sobre la zona afectada en forma de cataplasma. Deje que actúe por 15 minutos. Luego enjuague con agua fría. Aplique el tratamiento 2 o 3 veces al día.

Beneficios:

La avena tiene propiedades antiinflamatorias que son perfectas para brindar alivio contra el dolor y reduce la inflamación de las quemaduras.

Remedio: Caléndula para úlceras

Ingredientes:

1 cucharada de flores de caléndula

1 taza de agua

Preparación:

Hierve el agua y vierte sobre las flores de caléndula. Deja reposar durante unos 15 minutos y luego cuela.

Cómo tomar:

Bebe esta infusión dos veces al día.

Beneficios:

La caléndula es una planta medicinal con propiedades antiinflamatorias y antisépticas que promueven la curación de las úlceras.

Remedio: Canela y miel para úlceras

Ingredientes:

1 cucharadita de canela en polvo

1 cucharada de miel

Preparación:

Mezcla la canela en polvo con la miel hasta obtener una pasta.

Cómo tomar:

Toma una cucharadita de esta mezcla antes de las comidas.

Beneficios:

La canela tiene propiedades antiinflamatorias y antibacterianas, y la miel ayuda a calmar el revestimiento del estómago y a promover la curación de las úlceras.

Remedio: Malvavisco para úlceras

Ingredientes:

1 cucharada de raíz de malvavisco

1 taza de agua

Preparación:

Hierve el agua y viértela sobre la raíz de malvavisco. Deja reposar durante unos 15 minutos y luego cuela.

Cómo tomar:

Bebe esta infusión dos veces al día.

Beneficios:

El malvavisco tiene propiedades antiinflamatorias y emolientes que calman mediante un revestimiento del estómago que cura las úlceras.

Remedio: Jengibre para úlceras

Ingredientes:

1 cucharada de jengibre rallado

1 taza de agua

Preparación:

Hierve el agua y añade el jengibre rallado. Deja reposar durante unos 10 minutos y luego cuela.

Cómo tomar:

Bebe esta infusión dos veces al día.

Beneficios:

El jengibre tiene propiedades antiinflamatorias y antioxidantes que promueven la curación de las úlceras.

Remedio: Fenogreco para úlceras

Ingredientes:

1 cucharada de semillas de fenogreco

1 taza de agua

Preparación:

Hierve el agua y agrega las semillas de fenogreco. Deja reposar durante unos 10 minutos y luego cuela.

Cómo tomar:

Bebe esta infusión dos veces al día.

Beneficios:

El fenogreco tiene propiedades antiinflamatorias y antioxidantes que contribuyen a curar las úlceras.

Remedio: Cúrcuma para úlceras

Ingredientes:

1 cucharadita de cúrcuma en polvo

1 taza de leche

Preparación:

Hierve la leche y añade la cúrcuma. Deja enfriar.

Cómo tomar:

Bebe esta mezcla dos veces al día.

Beneficios:

La cúrcuma tiene propiedades antiinflamatorias y antioxidantes que benefician y contribuyen a la curación de las úlceras.

Remedio: Infusión de llantén para úlceras

Ingredientes:

2 cucharadas de hojas de llantén

1 taza de agua

Preparación:

Hierve el agua y añade las hojas de llantén. Deja reposar durante unos 10 minutos y luego cuela.

Cómo tomar:

Bebe esta infusión dos veces al día.

Beneficios:

El llantén tiene propiedades antiinflamatorias y astringentes que curan las úlceras.

Remedio: Cebolla para infecciones

Ingredientes:

1 cebolla

Agua suficiente para cubrir la cebolla

Preparación:

Corta la cebolla en trozos y cúbrelas con agua hervida fría. Deja reposar durante la noche.

Cómo tomar:

Bebe el agua de cebolla por la mañana.

Beneficios:

La cebolla tiene propiedades antiinflamatorias y antimicrobianas que sirven para combatir las infecciones.

Remedio: Romero para infecciones

Ingredientes:

2 cucharadas de hojas de romero

1 taza de agua

Preparación:

Hierve el agua y agrega las hojas de romero. Deja reposar durante 10 minutos y luego cuela.

Cómo tomar:

Usa esta infusión para hacer gárgaras dos veces al día.

Beneficios:

El romero tiene propiedades antiinflamatorias y antibacterianas que sirven para combatir las infecciones de la garganta.

Remedio: Tomillo para infecciones

Ingredientes:

2 cucharadas de hojas de tomillo

1 taza de agua

Preparación:

Hierve el agua y agrega las hojas de tomillo. Deja reposar durante unos 10 minutos y luego cuela.

Cómo tomar:

Bebe esta infusión dos veces al día.

Beneficios:

El tomillo tiene propiedades antibacterianas y antifúngicas que son perfectas contra las infecciones.

Remedio: Albahaca para infecciones

Ingredientes:

2 cucharadas de hojas de albahaca

1 taza de agua

Preparación:

Hierve el agua y añade las hojas de albahaca. Deja reposar durante 10 minutos y luego cuela.

Cómo tomar:

Bebe esta infusión dos veces al día.

Beneficios:

La albahaca tiene propiedades antibacterianas y antiinflamatorias que son aliadas contra las infecciones.

Remedio: Cúrcuma y miel para infecciones

Ingredientes:

1 cucharadita de cúrcuma en polvo

1 cucharada de miel cruda

Preparación:

Mezcla la cúrcuma en polvo con la miel hasta obtener una pasta.

Cómo aplicar:

Aplica esta pasta sobre la infección. Deja actuar durante 20 minutos antes de enjuagar con agua tibia.

Beneficios:

La cúrcuma tiene propiedades antiinflamatorias y antibacterianas, mientras que la miel es un antimicrobiano natural. Juntas, combaten la infección y reducen la inflamación.

Remedio: Salvia para infecciones

Ingredientes:

1 cucharada de hojas de salvia

1 taza de agua

Preparación:

Hierve el agua y vierte sobre las hojas de salvia. Deja reposar durante unos 15 minutos y luego cuela.

Cómo tomar:

Usa esta infusión para hacer gárgaras dos veces al día.

Beneficios:

La salvia tiene propiedades antiinflamatorias y antibacterianas que combaten las infecciones de la garganta.

Remedio: Aceite de árbol de té para infecciones

Ingredientes:

2 gotas de aceite de árbol de té

1 cucharadita de aceite de coco

Preparación:

Mezcla el aceite de árbol de té con el aceite de coco.

Cómo aplicar:

Aplica esta mezcla sobre la infección. Repite el proceso 2 a 3 veces al día.

Beneficios:

El aceite de árbol de té es conocido por sus propiedades antibacterianas y antiinflamatorias, los que ayudan a combatir la infección y reducen la inflamación.

Remedio: Cataplasma de semillas de lino para inflamación general

Ingredientes:

2 cucharadas de semillas de lino

Agua suficiente para formar una pasta

Preparación:

Muele las semillas de lino y mézclalas con agua hasta formar una pasta.

Cómo aplicar:

Aplica esta pasta sobre el área inflamada y cúbrela con un paño limpio. Deja actuar durante al menos 1 hora.

Beneficios:

Las semillas de lino son una fuente de omega-3 que tienen propiedades antiinflamatorias.

Remedio: Manzanilla para inflamación general

Ingredientes:

1 cucharada de flores de manzanilla

1 taza de agua

Preparación:

Hierve el agua y viértela sobre las flores de manzanilla. Deja reposar durante unos 15 minutos y luego cuela.

Cómo tomar:

Bebe esta infusión dos veces al día.

201

Beneficios:

La manzanilla es conocida por sus propiedades antiinflamatorias y calmantes que reducen la inflamación y el dolor.

Remedio: Cataplasma de hojas de col para inflamación general

Ingredientes:

1 hoja de col

1 venda o paño limpio

Preparación:

Ablanda la hoja de col con un rodillo o mazo de carne hasta que los jugos empiecen a liberarse.

Cómo aplicar:

Coloca la hoja de col sobre el área inflamada y cúbrela con una venda o paño. Deja actuar durante al menos 2 horas o durante la noche si es posible.

Beneficios:

La col tiene propiedades antiinflamatorias que reducen la hinchazón y el dolor.

Remedios naturales para la acidez estomacal

La acidez estomacal, también conocida como reflujo gastroesofágico, es una condición muy común caracterizada por una sensación de ardor en la parte inferior del pecho. Este malestar se produce cuando el ácido del estómago fluye hacia atrás por el esófago o tubo que conecta la boca con el estómago. Cuando el esfínter esofágico inferior, válvula que separa el estómago del esófago, no se cierra adecuadamente, permite que el ácido estomacal se desplace hacia el esófago causando la sensación de ardor.

La acidez es causada por varios factores. Puede ser por una dieta rica en alimentos picantes, grasos o ácidos, consumo excesivo de alcohol, tabaquismo, estrés, embarazo y ciertos medicamentos. Además, las personas con sobrepeso tienen un mayor riesgo de sufrir acidez debido a la presión adicional en la zona abdominal.

Aunque es incómoda, generalmente no es peligrosa. Sin embargo, si experimentas acidez estomacal de manera frecuente y prolongada, podría indicar una afección más seria llamada enfermedad de reflujo gastroesofágico (ERGE). La ERGE causa síntomas más graves como dolor en el pecho, dificultad para tragar, asma, erosiones en el esófago e incluso cáncer de esófago.

Remedio: Infusión de hinojo, anís y regaliz

Ingredientes:

1 cucharada de semillas de hinojo

1 cucharada de semillas de anís

1 cucharada de raíz de regaliz

1 litro de agua

Preparación:

Comienza por calentar el agua en una olla hasta que llegue a ebullición. Mientras tanto, mezcla las semillas de hinojo y anís junto con la raíz de regaliz. Una vez que el agua esté hirviendo, agrega la mezcla de hierbas y deja que se cocine a fuego lento durante unos 10 minutos. Posteriormente, retira la olla del fuego y deja reposar la infusión durante 10 minutos más. Finalmente, cuela la infusión para remover las semillas y la raíz.

Cómo tomar:

Consume una taza de esta infusión después de las comidas principales para aliviar la acidez estomacal.

Remedio: Jugo de aloe vera y menta

Ingredientes:

1 hoja de aloe vera

5 hojas de menta

1 vaso de agua

Preparación:

Para preparar este remedio, comienza extrayendo el gel contenido en el interior de la hoja de aloe vera. Posteriormente, añade el gel a la licuadora junto con las hojas de menta y el agua. Procesa todos los ingredientes hasta obtener una mezcla homogénea.

Cómo tomar:

Bebe este jugo a pequeños sorbos cuando sientas acidez estomacal.

Remedio: Té de cúrcuma y jengibre

Ingredientes:

1 cucharadita de cúrcuma en polvo

1 cucharadita de jengibre rallado

1 taza de agua

Miel al gusto

Preparación:

Hierve el agua en una cacerola. Una vez que el agua esté hirviendo, agrega la cúrcuma y el jengibre. Deja que se cocine a fuego lento durante 10 minutos. Luego, retira la cacerola del fuego y deja reposar durante 5 minutos más. Cuela el té y agrega miel al gusto.

Cómo tomar:

Bebe este té una vez al día, preferiblemente después de la cena para aliviar la acidez estomacal.

Remedio: Infusión de manzanilla y miel

Ingredientes:

2 cucharaditas de flores de manzanilla secas

1 taza de agua

Miel al gusto

Preparación:

Hierve el agua en una cacerola. Una vez que el agua esté hirviendo, agrega la manzanilla. Deja que la infusión repose durante unos 10 minutos. Luego, cuela la infusión y agrega miel al gusto.

Cómo tomar:

Bebe una taza de esta infusión de manzanilla después de las comidas principales para aliviar la acidez estomacal.

Remedio: Infusión de cúrcuma, jengibre y menta

Ingredientes:

1 cucharadita de cúrcuma en polvo

1 cucharadita de jengibre fresco rallado

5 hojas de menta

1 taza de agua

Preparación:

Hierva el agua en una cacerola. Añade la cúrcuma, el jengibre rallado y las hojas de menta. Deja hervir durante 10 minutos. Luego, retira del fuego y deja reposar durante 10 minutos. Finalmente, cuela la infusión.

Cómo tomar:

Consume este remedio después de las comidas para ayudar a la digestión y aliviar la acidez estomacal.

Remedio: Infusión de diente de león, regaliz y manzanilla

Ingredientes:

1 cucharadita de raíz de diente de león seca

1 cucharadita de raíz de regaliz seca

1 cucharadita de flores de manzanilla

1 taza de agua

Preparación:

Hierve el agua en una cacerola. Agrega las hierbas secas y deja hervir durante 10 minutos. Luego, retira del fuego y deja reposar durante 10 minutos. Finalmente, cuela la infusión.

Cómo tomar:

Bebe esta infusión después de cada comida para aliviar los síntomas de la acidez estomacal.

Remedio: Té de raíz de malvavisco y regaliz

Ingredientes:

1 cucharadita de raíz de malvavisco seca

1 cucharadita de raíz de regaliz seca

1 taza de agua

Preparación:

Hierve el agua en una cacerola. Agrega las raíces de malvavisco y regaliz. Deja hervir durante 10 minutos. Luego, retira del fuego y deja reposar durante 10 minutos. Finalmente, cuela el té.

Cómo tomar:

Bebe este té dos veces al día, preferiblemente después de las comidas, para aliviar la acidez estomacal.

Remedio: Infusión de anís estrellado, hinojo y menta

Ingredientes:

1 cucharadita de semillas de anís estrellado

1 cucharadita de semillas de hinojo

1 cucharadita de hojas de menta

1 taza de agua

Preparación:

Hierve el agua en una cacerola. Agrega las semillas de anís estrellado, hinojo y las hojas de menta. Deja hervir durante 10 minutos. Luego, retira del fuego y deja reposar durante 10 minutos. Finalmente, cuela la infusión.

Cómo tomar:

Bebe esta infusión después de cada comida para aliviar la acidez estomacal.

Remedio: Infusión de raíz de malvavisco, anís estrellado y manzanilla

Ingredientes:

1 cucharadita de raíz de malvavisco seca

1 cucharadita de semillas de anís estrellado

1 cucharadita de flores de manzanilla

1 taza de agua

Preparación:

Hierve el agua en una cacerola. Agrega la raíz de malvavisco, semillas de anís estrellado y flores de manzanilla. Deja hervir durante 10 minutos. Luego, retira del fuego y deja reposar durante 10 minutos. Finalmente, cuela la infusión.

Cómo tomar:

Bebe esta infusión después de cada comida para aliviar la acidez estomacal.

Remedio: Infusión de regaliz, anís estrellado y raíz de diente de león

Ingredientes:

1 cucharadita de raíz de regaliz seca

1 cucharadita de semillas de anís estrellado

1 cucharadita de raíz de diente de león seca

1 taza de agua

Preparación:

Hierve el agua en una cacerola. Agrega la raíz de regaliz, semillas de anís estrellado y raíz de diente de león. Deja hervir durante 10 minutos. Luego, retira del fuego y deja reposar durante 10 minutos. Finalmente, cuela la infusión.

Cómo tomar:

Bebe esta infusión después de cada comida para aliviar la acidez estomacal.

Remedio: Infusión de hojas de albahaca y raíz de jengibre

Ingredientes:

5 hojas de albahaca fresca

1 cucharadita de jengibre rallado

1 taza de agua

Preparación:

Hierve el agua en una cacerola. Agrega las hojas de albahaca y el jengibre rallado. Deja hervir durante 10 minutos. Luego, retira del fuego y deja reposar durante 10 minutos. Finalmente, cuela la infusión.

Cómo tomar:

Bebe esta infusión después de cada comida para aliviar la acidez estomacal.

Remedio: Infusión de hinojo, anís estrellado y regaliz

Ingredientes:

1 cucharadita de semillas de hinojo

1 cucharadita de semillas de anís estrellado

1 cucharadita de raíz de regaliz

1 taza de agua

Preparación:

Hierve el agua en una cacerola. Agrega las semillas de hinojo, anís estrellado y la raíz de regaliz. Deja hervir durante 10 minutos. Luego, retira del fuego y deja reposar durante 10 minutos. Finalmente, cuela la infusión.

Cómo tomar:

Bebe esta infusión después de cada comida para aliviar la acidez estomacal.

Remedio: Infusión de manzanilla, hinojo y anís estrellado

Ingredientes:

1 cucharadita de flores de manzanilla

1 cucharadita de semillas de hinojo

1 cucharadita de semillas de anís estrellado

1 taza de agua

Preparación:

Hierve el agua en una cacerola. Agrega las flores de manzanilla, semillas de hinojo y anís estrellado. Deja hervir durante 10 minutos. Luego, retira del fuego y deja reposar durante 10 minutos. Finalmente, cuela la infusión.

Cómo tomar:

Bebe esta infusión después de cada comida para aliviar la acidez estomacal.

Remedio: Infusión de hojas de albahaca, cúrcuma y regaliz

Ingredientes:

5 hojas de albahaca fresca

1 cucharadita de cúrcuma en polvo

1 cucharadita de raíz de regaliz seca

1 taza de agua

Preparación:

Hierve el agua en una cacerola. Agrega las hojas de albahaca, la cúrcuma en polvo y la raíz de regaliz. Deja hervir durante 10 minutos. Luego, retira del fuego y deja reposar durante 10 minutos. Finalmente, cuela la infusión.

Cómo tomar:

Bebe esta infusión después de cada comida para aliviar la acidez estomacal.

Remedio: Infusión de menta, jengibre y diente de león

Ingredientes:

5 hojas de menta fresca

1 cucharadita de jengibre rallado

1 cucharadita de raíz de diente de león seca

1 taza de agua

Preparación:

Hierve el agua en una cacerola. Agrega las hojas de menta, el jengibre rallado y la raíz de diente de león. Deja hervir durante 10 minutos. Luego, retira del fuego y deja reposar durante 10 minutos. Finalmente, cuela la infusión.

Cómo tomar:

Bebe esta infusión después de cada comida para aliviar la acidez estomacal.

Cómo curar las hemorroides con remedios caseros

A menudo subestimadas o ignoradas debido al tabú que rodea a esta condición, las hemorroides generan un impacto significativo en la calidad de vida del individuo. Esta afección anal que se caracteriza por la inflamación de las venas dentro del recto o alrededor del ano causa una serie de molestias.

El dolor es una de las consecuencias más inmediatas y notorias de las hemorroides. Este varía desde una ligera incomodidad hasta una agonía intensa, dependiendo del tamaño y la ubicación de las mencionadas. Las hemorroides también provocan prurito y una sensación de ardor, lo que resulta extremadamente molesto.

Además, las hemorroides causan sangrado, un síntoma que es bastante alarmante. Este sangrado, aunque generalmente no es peligroso, es perturbador y embarazoso, afectando el bienestar emocional.

Por otro lado, las hemorroides también afectan el comportamiento diario y las actividades habituales de las personas. El miedo al dolor o sangrado hace que las personas eviten ciertas actividades como el ejercicio físico. Puede además generar ansiedad al momento de usar el baño debido a los problemas de estreñimiento.

Remedio: Hamamelis y aceite de coco

Ingredientes:

2 cucharadas de corteza de hamamelis

1 taza de agua

2 cucharadas de aceite de coco

Preparación:

En un recipiente, hierve la corteza de hamamelis en una taza de agua durante 15 minutos. Luego, deja reposar y filtra el líquido obtenido. Mezcla el líquido con las cucharadas de aceite de coco hasta obtener una consistencia homogénea.

Cómo usar:

Aplica la mezcla en la zona afectada con un paño limpio dos veces al día.

Beneficios:

La hamamelis tiene propiedades astringentes que ayudan con el dolor y la inflamación. Por su parte, el aceite de coco hidrata y suaviza la piel, evitando las fisuras y aliviando el dolor.

Remedio: Equinácea y aloe vera

Ingredientes:

2 cucharadas de raíz de equinácea

1 taza de agua

Gel de 1 hoja de aloe vera

Preparación:

Hierve la raíz de equinácea en una taza de agua durante 15 minutos. Deja reposar y filtra el líquido. Mezcla este líquido con el gel extraído de una hoja de aloe vera hasta obtener una consistencia uniforme.

Cómo usar:

Aplica la mezcla en la zona afectada con un paño limpio dos veces al día.

Beneficios:

La equinácea tiene propiedades antiinflamatorias, mientras que el aloe vera es conocido por sus propiedades calmantes. Ambos ayudan a aliviar el dolor y la inflamación de las hemorroides.

Remedio: Flores de caléndula y aceite de almendras

Ingredientes:

2 cucharadas de flores de caléndula secas

1 taza de agua

1 cucharada de aceite de almendras

Preparación:

Hierve las flores de caléndula en una taza de agua durante 10 minutos. Deja reposar, luego filtra el líquido y mezcla con el aceite de almendras.

Cómo usar:

Aplica la mezcla en la zona afectada con un paño limpio tres veces al día.

Beneficios:

Las flores de caléndula tienen propiedades antiinflamatorias, mientras que el aceite de almendras hidrata y alivia la piel irritada.

Remedio: Manzanilla y aceite de oliva

Ingredientes:

1 cucharada de flores de manzanilla

1 taza de agua

1 cucharada de aceite de oliva

Preparación:

Hierve la manzanilla en el agua durante 10 minutos. Deja reposar y cuela. Una vez que esté frío, mezcla el líquido con el aceite de oliva.

Cómo usar:

Aplica en la zona afectada con un paño limpio dos veces al día.

Beneficio:

La manzanilla calma la irritación y el aceite de oliva actúa como emoliente aliviando la sequedad y la irritación.

Remedio: Castaño de Indias y aceite de girasol

Ingredientes:

1 cucharada de semillas de castaño de Indias

1 taza de agua

1 cucharada de aceite de girasol

Preparación:

Hierve las semillas de castaño en el agua durante 15 minutos. Deja reposar, cuela el líquido y mézclalo con el aceite de girasol.

Cómo usar:

Aplica esta mezcla en la zona afectada tres veces al día.

Beneficio:

El castaño de Indias es conocido por su efecto antiinflamatorio y vasoconstrictor, lo que disminuye la inflamación y el tamaño de las hemorroides.

Remedio: Sauce blanco y aloe vera

Ingredientes:

1 cucharada de corteza de sauce blanco

1 taza de agua

Gel de una hoja de aloe vera

Preparación:

Hierve la corteza de sauce en el agua durante 15 minutos. Deja reposar, cuela el líquido y mézclalo con el gel de aloe vera.

Cómo usar:

Aplica la mezcla en la zona afectada tres veces al día.

Beneficio:

El sauce blanco tiene propiedades antiinflamatorias y analgésicas, y el aloe vera ayuda a calmar y refrescar la zona.

Remedio: Raíz de consuelda y aceite de jojoba

Ingredientes:

1 cucharada de raíz de consuelda

1 taza de agua

1 cucharada de aceite de jojoba

Preparación:

Hierve la raíz de consuelda en el agua durante 10 minutos. Deja reposar, cuela el líquido y mézclalo con el aceite de jojoba.

Cómo usar:

Aplica esta mezcla en la zona afectada dos veces al día. La consuelda tiene propiedades curativas y antiinflamatorias, mientras que el aceite de jojoba contribuye a hidratar y aliviar la piel.

Remedio: Menta y aceite de almendras

Ingredientes:

1 cucharada de hojas de menta

1 taza de agua

1 cucharada de aceite de almendras

Preparación:

Hierve las hojas de menta en agua durante 10 minutos. Deja reposar, cuela el líquido y mézclalo con el aceite de almendras.

Cómo usar:

Aplica en la zona afectada dos veces al día. La menta proporciona un efecto refrescante y alivia el dolor, mientras que el aceite de almendras contribuye a hidratar y calmar la piel.

Remedio: Milenrama y aceite de coco

Ingredientes:

1 cucharada de flores de milenrama

1 taza de agua

1 cucharada de aceite de coco

Preparación:

Hierve las flores de milenrama en agua durante 10 minutos. Deja reposar, cuela el líquido y mézclalo con el aceite de coco.

Cómo usar:

Aplica en la zona afectada tres veces al día.

Beneficios:

La milenrama tiene propiedades antiinflamatorias y analgésicas, mientras que el aceite de coco contribuye a hidratar y aliviar la piel.

Remedio: Flores de lavanda y aceite de oliva

Ingredientes:

1 cucharada de flores de lavanda

1 taza de agua

1 cucharada de aceite de oliva

Preparación:

Hierve las flores de lavanda en agua durante 10 minutos. Deja reposar, cuela el líquido y mézclalo con el aceite de oliva.

Cómo usar:

Aplica en la zona afectada dos veces al día.

Beneficios:

La lavanda tiene propiedades calmantes, mientras que el aceite de oliva actúa como emoliente, aliviando la sequedad y la irritación.

***

Espero que estos remedios te sean de utilidad. Por favor, si sientes que los síntomas persisten o empeoran, te recomiendo que busques atención médica.

En este capítulo, ya hemos explorado los beneficios de distintas hierbas y plantas medicinales para tratar el corazón, la digestión, la artritis, las inflamaciones, las quemaduras, el malestar estomacal y las hemorroides.

A lo largo de las páginas te presenté diferentes remedios caseros hechos a base de hierbas y plantas. La gama de soluciones naturales es asombrosa. Tenemos remedios simples como la infusión de hojas de menta para el malestar estomacal o combinaciones más complejas como el ungüento de cayena y caléndula para las inflamaciones y quemaduras.

Además, has conocido las enfermedades desde una perspectiva integral, analizando las causas y consecuencias de cada afección, y comprendiendo cómo cada planta medicinal contribuye a un tratamiento o alivio específico. Ahora, continúa hacia el siguiente capítulo en donde te enseñaré a hacer algunos remedios para la ansiedad, pues la salud mental también es beneficiada por las plantas medicinales y hierbas.

Hierbas curativas para controlar la ansiedad

La ansiedad es una reacción humana natural que todos experimentamos en algún momento. Esta es una respuesta a situaciones de estrés, miedo o preocupación, a menudo anticipando a futuros eventos. Sin embargo, cuando la ansiedad se vuelve constante, intensa y abrumadora al punto de afectar la vida diaria, se convierte en un trastorno. En ese sentido, la ansiedad puede llegar a ser una enfermedad mental que requiere atención y tratamiento.

Existen varios factores de riesgo que aumentan la probabilidad de desarrollar trastornos de ansiedad. Estos pueden ser por causas genéticas, ambientales, médicas e incluso relacionados al estilo de vida. Algunos son un efecto de los antecedentes familiares con trastornos de ansiedad, experiencias traumáticas, síntoma de ciertas condiciones de salud, consumo de sustancias, cambios de personalidad y niveles de estrés.

Los síntomas varían en intensidad y gravedad. La persona puede padecer de leves sentimientos de inquietud o incluso fatigantes ataques de pánico. Lo cierto es que ese estado puede derivar a actos de nerviosismo, tensión, preocupaciones constantes, ritmo cardíaco acelerado, sudoración, temblores, problemas de sueño, dificultades de concentración y problemas gastrointestinales. Por su parte, si la ansiedad llega a ser crónica puede manifestar un impacto muy negativo para la vida cotidiana, afectando en el trabajo, las relaciones y la salud general.

Felizmente, las plantas medicinales han sido utilizadas por siglos en diferentes culturas alrededor del mundo para aliviar una variedad de dolencias, entre ellas los trastornos de ansiedad. Estas hierbas poseen propiedades calmantes y sedantes que reducen los síntomas de la ansiedad, proporcionando alivio y promoviendo una sensación de bienestar y tranquilidad.

La valeriana, la pasiflora, la manzanilla, la melisa y la hierba de San Juan son solo algunas de las hierbas que se han demostrado eficaces en el manejo de la ansiedad. Estas hierbas se utilizan en forma de tés, tinturas, cápsulas, aceites esenciales o pueden incorporarse en la alimentación.

Sin embargo, es importante recordar que aunque las hierbas son un complemento útil para el manejo de la ansiedad no deben sustituir el diagnóstico y tratamiento proporcionado por un profesional de la salud mental.

En este capítulo, te compartiré las propiedades y beneficios de varias hierbas para el tratamiento de la ansiedad, proporcionando información detallada sobre cómo utilizarlas de forma segura y eficaz. ¡Estoy emocionado de compartir esta sabiduría contigo mientras exploramos la maravillosa capacidad de las hierbas para ayudar a controlar la ansiedad!

Lista de hierbas curativas para la ansiedad

En este segmento, te presentaré las hierbas que ayudan a aliviar la ansiedad acompañadas de una breve descripción. Ten en cuenta que la mayoría ya las he presentado a detalle en capítulos anteriores.

- Valeriana (*valeriana officinalis*): Esta hierba es conocida por sus propiedades sedantes y ansiolíticas. Ayuda a mejorar la calidad del sueño y disminuir el estrés.

- Pasiflora (*passiflora incarnata*): Es un relajante natural que ayuda a calmar la inquietud, el nerviosismo y el insomnio relacionado con la ansiedad.

- Manzanilla (*chamomilla recutita*): Las propiedades calmantes de la manzanilla reducen el estrés y ayudan a fomentar un estado de ánimo relajado.

- Melisa (*melissa officinalis*): Esta planta tiene efectos calmantes y es positiva para los síntomas de la ansiedad como el nerviosismo y el insomnio.

- Hierba de San Juan (*hypericum perforatum*): Se utiliza comúnmente para el tratamiento de la depresión y la ansiedad. Ayuda a mejorar el estado de ánimo y reducir el estrés.

- Lavanda (*lavandula angustifolia*): Conocida por sus propiedades relajantes y sedantes. Ayuda a reducir la inquietud y promover el sueño.

- Ashwagandha (*withania somnifera*): Esta hierba tiene propiedades adaptógenas, lo que significa que ayuda al cuerpo a adaptarse al estrés y a reducir los síntomas de la ansiedad.

- Rododendro (*rhodiola rosea*): Conocida como una hierba adaptógena. Reduce el estrés y la fatiga relacionada con la ansiedad.

- Bálsamo de limón (*melissa officinalis*): Esta planta tiene propiedades calmantes que reducen los síntomas de la ansiedad.

- Ginkgo biloba: Esta antigua planta alivia los síntomas de la ansiedad al mejorar el flujo sanguíneo del cerebro y actuar como un antioxidante.

- Kava kava (*piper methysticum*): Esta planta es conocida por sus propiedades calmantes y se utiliza para tratar la ansiedad y el insomnio.

- Albahaca Santa (*ocimum tenuiflorum*): Esta hierba tiene propiedades adaptógenas y es ideal para calmar el estrés y la ansiedad.

- Lúpulo (*humulus lupulus*): A menudo se utiliza en combinación con la valeriana para mejorar el sueño y reducir la ansiedad.

- Avena (*avena sativa*): Tiene propiedades calmantes que alivian la tensión y la ansiedad.

- Raíz de regaliz (*glycyrrhiza glabra*): Ayuda a mantener el equilibrio del sistema adrenal del cuerpo que se ve afectado por el estrés crónico y la ansiedad.

- Ginseng (*panax ginseng*): Esta hierba es un adaptógeno que ayuda al cuerpo a adaptarse al estrés.

- Lúpulo (*humulus lupulus*): Tiene propiedades sedantes y se utiliza a menudo para ayudar a promover el sueño en personas que padecen de ansiedad.

- Verbena (*verbena officinalis*): Conocida por sus propiedades calmantes. La verbena calma la tensión y el nerviosismo.

- Espino (*crataegus spp.*): Se utiliza principalmente para problemas cardíacos, pero también reduce los síntomas de la ansiedad.

- Eleutherococcus (*eleutherococcus senticosus*): Esta hierba adaptógena ayuda al cuerpo a adaptarse al estrés y a reducir los síntomas de la ansiedad.

A continuación, estos son los remedios que te ayudarán a combatir la ansiedad.

Bebida relajante de valeriana y manzanilla

Ingredientes:

1 cucharada de raíz de valeriana

1 cucharada de flores de manzanilla

2 tazas de agua

Miel al gusto

Preparación:

Comienza calentando las dos tazas de agua. Cuando esté a punto de hervir, añade la valeriana y la manzanilla. Deja que la mezcla

225

hierva a fuego lento durante 15 minutos. Pasado ese tiempo, retira del fuego y deja reposar durante 10 minutos. Filtra el líquido para eliminar las hierbas y endulza con miel al gusto.

Cómo se toma:

Bebe una taza de esta infusión antes de irte a dormir para aliviar los síntomas de la ansiedad.

Por qué ayuda a combatir la ansiedad:

Tanto la valeriana como la manzanilla poseen propiedades sedantes y calmantes que ayudan a relajar la mente y reducir los síntomas de la ansiedad.

Batido de espinaca y passiflora

Ingredientes:

1 taza de espinacas

1/2 taza de hojas de passiflora

1 plátano

1 taza de leche de almendra

Preparación:

Añade todos los ingredientes en una licuadora y bátelos hasta obtener una mezcla suave. Si lo deseas, agrega un poco de hielo para hacer el batido más refrescante.

Cómo se toma:

Consume este batido por la mañana para comenzar el día con una sensación de calma y concentración.

Por qué ayuda a combatir la ansiedad:

Las espinacas y la passiflora son ricas en magnesio, mineral que ayuda a regular los niveles de cortisol, la hormona del estrés, y, por tanto, reduce los síntomas de la ansiedad.

Infusión de lavanda y melisa

Ingredientes:

2 cucharadas de flores de lavanda

2 cucharadas de hojas de melisa

2 tazas de agua

Miel al gusto

Preparación:

Calienta el agua. Cuando comience a hervir, agrega las flores de lavanda y las hojas de melisa. Reduce el fuego y deja que hierva a fuego lento durante unos 10 a 15 minutos. Luego, retira del fuego y deja reposar durante unos minutos y cuela.

Cómo se toma:

Toma esta infusión antes de ir a dormir para ayudar a calmar la mente y facilitar un sueño reparador.

Por qué ayuda a combatir la ansiedad:

La lavanda y la melisa tienen propiedades sedantes y relajantes que ayudan a calmar la mente, reducen la tensión y alivian los síntomas de la ansiedad.

Té de tilo y bálsamo de limón

Ingredientes:

2 cucharaditas de flores de tilo

2 cucharaditas de hojas de bálsamo de limón

1 cucharadita de miel

1 taza de agua

Preparación:

Lleva el agua a ebullición. Una vez que esté hirviendo, retírala del fuego y agrega las flores de tilo y las hojas de bálsamo de limón. Cubre y deja reposar durante 10 minutos. Finalmente, cuela el té y endúlzalo con la miel.

Cómo se toma:

Bebe esta infusión cuando te sientas ansioso. Su efecto calmante ayudará a relajarte.

Por qué ayuda a combatir la ansiedad:

El tilo y el bálsamo de limón son conocidos por sus propiedades calmantes y relajantes. Ambos ayudan a reducir el estrés y la ansiedad promoviendo una sensación de tranquilidad y relajación.

Compota de manzana con canela y hojas de albahaca

Ingredientes:

2 manzanas

1 cucharada de canela

1 cucharadita de hojas de albahaca picadas

1/4 taza de agua

Miel al gusto

Preparación:

Pela y pica las manzanas en trozos pequeños. Añádelas a una cacerola con el agua y cocínalas a fuego lento hasta que estén blandas. Agrega la canela y las hojas de albahaca picadas. Cocina durante unos minutos más y luego tritura con un tenedor para hacer una compota. Endulza con miel al gusto.

Cómo se toma:

Consumir esta compota a cualquier hora del día. Es especialmente útil en momentos de ansiedad.

Por qué ayuda a combatir la ansiedad:

La manzana, la canela y la albahaca tienen propiedades calmantes que ayudan a reducir la ansiedad. Procura que al consumirlo lo hagas lentamente. Esa acción te ayudará a enfocarte y recuperar tu tranquilidad.

Licuado de avena, cacao y ashwagandha

Ingredientes:

1 taza de leche de almendras

1/2 taza de avena

1 cucharada de cacao en polvo

1 cucharadita de polvo de ashwagandha

1 cucharada de miel

Preparación:

Añade todos los ingredientes en una licuadora y mezcla hasta obtener una bebida suave.

Cómo se toma:

Toma este batido por la mañana. La ashwagandha te ayudará a empezar el día con una sensación de tranquilidad y serenidad.

Por qué ayuda a combatir la ansiedad:

La ashwagandha es una planta adaptógena que ayuda a equilibrar las hormonas del estrés en el cuerpo. La avena y el cacao, ricos en triptófano, precursor de la serotonina, ayudan a regular el estado de ánimo y reducir la ansiedad.

Infusión de manzanilla y lavanda

Ingredientes:

2 cucharaditas de flores de manzanilla

1 cucharadita de flores de lavanda

1 cucharadita de miel

1 taza de agua

Preparación:

Hierve el agua y agrega las flores de manzanilla y lavanda. Deja reposar durante 10 minutos, cuela y endulza con miel.

Cómo se toma:

Bebe esta infusión antes de acostarte para promover un sueño reparador.

Por qué ayuda a combatir la ansiedad:

La manzanilla y la lavanda tienen propiedades calmantes y relajantes que ayudan a aliviar la tensión nerviosa y la ansiedad, favoreciendo un sueño tranquilo.

Pasiflora en miel

Ingredientes:

1 taza de flores de pasiflora frescas o secas

2 tazas de miel

Preparación:

Coloca las flores de pasiflora en un frasco de vidrio y llénalo con miel. Deja macerar durante al menos 2 semanas antes de usar.

Cómo se toma:

Toma 1 cucharadita de esta mezcla cuando te sientas ansioso. También añádela a tus tés o batidos.

Por qué ayuda a combatir la ansiedad:

La pasiflora es reconocida por sus propiedades calmantes y sedantes, mientras que la miel proporciona una dulzura natural que tiene un efecto tranquilizador en el sistema nervioso.

Té de melisa y raíz de valeriana

Ingredientes:

1 cucharadita de hojas de melisa

1/2 cucharadita de raíz de valeriana

1 taza de agua

Preparación:

Hierve el agua y agrega las hojas de melisa y la raíz de valeriana. Deja reposar durante 5 a 10 minutos y luego cuela.

Cómo se toma:

Toma esta infusión en la noche para ayudarte a relajarte antes de acostarte.

Por qué ayuda a combatir la ansiedad:

Tanto la melisa como la valeriana tienen propiedades sedantes y calmantes que alivian la ansiedad y promueven el sueño.

Infusión de hojas de ortiga y limón

Ingredientes:

2 cucharaditas de hojas de ortiga

El jugo de medio limón

1 cucharadita de miel

1 taza de agua

Preparación:

Lleva el agua a ebullición y añade las hojas de ortiga. Deja reposar durante 10 minutos, cuela y añade el jugo de limón y miel.

Cómo se toma:

Bebe esta infusión caliente en cualquier momento del día cuando te sientas ansioso.

Por qué ayuda a combatir la ansiedad:

La ortiga tiene propiedades calmantes que reducen los síntomas de la ansiedad. El limón añade un sabor refrescante y es conocido por sus propiedades revitalizantes.

Jugo de avena y albahaca

Ingredientes:

1 taza de avena cruda

2 tazas de agua

10 hojas de albahaca fresca

1 cucharada de miel

Preparación:

Remoja la avena en agua durante al menos 2 horas. Luego, licúa la avena, el agua y las hojas de albahaca hasta obtener una mezcla homogénea. Finalmente, cuela la mezcla y endulza con miel.

Cómo se toma:

Bebe este jugo en la mañana para empezar el día con calma.

Por qué ayuda a combatir la ansiedad:

La avena es rica en triptófano, precursor del neurotransmisor serotonina, que es esencial para regular el estado de ánimo. Por otro lado, la albahaca tiene propiedades calmantes y adaptogénicas que ayudan a manejar el estrés.

Infusión de tilo y toronjil

Ingredientes:

1 cucharadita de flores de tilo

1 cucharadita de hojas de toronjil

1 taza de agua

Preparación:

Hierve el agua y añade las flores de tilo y las hojas de toronjil. Deja reposar durante 10 minutos y luego cuela.

Cómo se toma:

Bebe esta infusión caliente antes de acostarte.

Por qué ayuda a combatir la ansiedad:

Tanto el tilo como el toronjil son reconocidos por sus propiedades calmantes, siendo beneficiosos para el sistema nervioso y promoviendo un sueño reparador.

Licuado de espinaca y ginkgo biloba

Ingredientes:

1 taza de espinacas frescas

1/2 taza de hojas de ginkgo biloba

1 taza de agua

1 cucharada de miel

Preparación:

Licúa las espinacas, las hojas de ginkgo biloba y el agua hasta obtener una mezcla suave. Endulza con miel.

Cómo se toma:

Bebe este licuado en la mañana para ayudar a manejar los niveles de ansiedad durante el día.

Por qué ayuda a combatir la ansiedad:

La espinaca es rica en magnesio, mineral que ayuda a regular la

respuesta del cuerpo ante el estrés. Además, el ginkgo biloba mejora la circulación sanguínea y reduce la ansiedad.

Té de kava kava

Ingredientes:

1 cucharadita de raíz de kava kava en polvo

1 taza de agua

Preparación:

Hierve el agua y añade la raíz de kava kava en polvo. Deja reposar durante 10 minutos y luego cuela.

Cómo se toma:

Bebe este té a media tarde o antes de acostarte.

Por qué ayuda a combatir la ansiedad:

La kava kava es reconocida por sus propiedades ansiolíticas que ayudan a relajar el cuerpo y la mente sin provocar somnolencia.

Smoothie de fresas y ashwagandha

Ingredientes:

1 taza de fresas frescas

1 cucharadita de polvo de ashwagandha

1 taza de leche de almendra

1 cucharada de miel

Preparación:

Licúa las fresas, el polvo de ashwagandha, la leche de almendra y la miel hasta obtener una mezcla suave.

Cómo se toma:

Bebe este *smoothie* en la mañana para comenzar el día con una dosis de calma.

Por qué ayuda a combatir la ansiedad:

Las fresas son ricas en vitamina C, ayudando a regular la respuesta del cuerpo al estrés. Además, la ashwagandha es una hierba adaptogénica que permite reducir la ansiedad y el estrés.

***

La naturaleza nos ofrece una vasta despensa de soluciones y recursos para ayudarnos a mantener la calma y afrontar el estrés de nuestra vida diaria.

No obstante, es vital recordar que estos remedios caseros son una ayuda complementaria y no deben ser considerados como un sustituto del consejo médico profesional. La ansiedad es una afección compleja y severa que requiere de una gestión integral, por lo que siempre debes consultar con un especialista de la salud antes de iniciar cualquier tratamiento alternativo.

Por último, aunque hemos llegado al final de este capítulo, no hemos acabado de explorar el maravilloso mundo de las plantas medicinales. Te animo a seguir adelante, pues en el último apartado de este libro descubriremos más sobre la interrelación entre las plantas medicinales y otro aspecto esencial de nuestra salud: el sueño reparador. Así que continúa con la lectura y prepárate para adentrarte aún más en el conocimiento y uso de las hierbas curativas.

Plantas medicinales que te ayudan al cuidado de la piel y el cabello

La piel y el cabello son parte integral de nuestra salud y apariencia. Su estado no solo define nuestra estética, sino también nuestra salud. En este último capítulo del libro te presentaré plantas medicinales y recetas que tienen un papel vital en el cuidado y mantenimiento de una piel y cabello saludable.

Nuestra piel, el órgano más grande de nuestro cuerpo, es la barrera protectora que nos separa del mundo exterior. Protege nuestro cuerpo contra los elementos extraños, regula nuestra temperatura corporal y nos permite percibir el tacto. Sin embargo, está constantemente expuesta a factores externos que tienden a dañarlo, tal como el sol, los contaminantes y las toxinas. A veces, la piel puede ser afectada por problemas internos causado por una mala alimentación, el estrés y la falta de sueño. Producto de esos factores es que nuestra piel pueda parecer opaca, seca o con imperfecciones.

Del mismo modo, nuestro cabello no solo juega un papel estético importante, sino que también indica nuestro estado de salud. Un cabello brillante y abundante se considera un signo de buena salud. Pero factores como el estrés y la mala nutrición puede provocar problemas como la caída del cabello, la sequedad, la caspa y algunos más que se relacionan al cuero cabelludo.

Por tanto, para mantener una piel y un cabello saludable es esencial adoptar un estilo de vida saludable. La alimentación balanceada, el ejercicio regular, la hidratación adecuada, el descanso adecuado y la reducción del estrés son rutinas cruciales que contribuyen a nuestra salud de la piel, el cabello y en general.

Ahora, es cierto que a veces, a pesar de nuestros mejores esfuerzos, se necesita de un poco de ayuda adicional. Y aquí es donde las plantas medicinales entran en juego. A lo largo de la historia, las plantas han sido una fuente valiosa de ingredientes para el cuidado de la piel y el cabello. Estas ofrecen una gran fuente de antioxidantes, aceites esenciales, vitaminas y otros nutrientes que vigorizan, hidratan y protegen nuestra piel y cabello. En este capítulo, descubriremos una variedad de esos remedios que atenderán esas partes de nuestro cuerpo.

Pero recuerda, aunque las plantas y hierbas ofrecen numerosos beneficios, siempre debes hacer pruebas de alergia y, si es posible, consultar a un dermatólogo o profesional de la salud antes de probar nuevos remedios en tu piel o cabello.

Por tanto, te invito a sumergirte en este último capítulo.

Remedios a base de plantas medicinales para el cuidado de la piel

Exfoliante de aloe vera y azúcar

Ingredientes:

2 cucharadas de gel de aloe vera

1 cucharada de azúcar

Preparación:

Mezcla el gel de aloe vera y el azúcar hasta obtener una consistencia homogénea.

Cómo aplicar:

Aplica esta mezcla en la piel y masajea con movimientos circulares durante unos minutos. Finalmente, enjuaga con agua tibia.

Beneficios:

El aloe vera es altamente hidratante y ayuda a relajar la piel. El azúcar actúa como un exfoliante natural al eliminar las células muertas de la piel.

Mascarilla de manzanilla y miel

Ingredientes:

1 cucharada de flores de manzanilla secas

2 cucharadas de miel

Preparación:

Tritura las flores de manzanilla y mézclalas con la miel hasta formar una pasta.

Cómo aplicar:

Aplica la mezcla en la cara, deja actuar durante 15 a 20 minutos y luego enjuaga con agua tibia.

Beneficios:

La manzanilla tiene propiedades antiinflamatorias que sirven para calmar la piel, mientras que la miel funciona como un humectante natural que hidrata la piel.

Tónico de cúrcuma y agua de rosas

Ingredientes:

1 cucharadita de cúrcuma en polvo

2 cucharadas de agua de rosas

Preparación:

Mezcla la cúrcuma y el agua de rosas hasta obtener una consistencia líquida.

Aplicación:

Aplica esta mezcla en la cara con un algodón y deja actuar durante unos minutos. Finalmente, enjuaga con agua.

Beneficios:

La cúrcuma tiene propiedades antiinflamatorias convenientes para reducir la inflamación de la piel. Por su parte, el agua de rosas tonifica y calma la piel.

Crema de caléndula

Ingredientes:

1/4 taza de flores de caléndula secas

1/2 taza de aceite de coco

1/8 taza de cera de abejas

Preparación:

Calienta el aceite de coco y la cera de abejas en una olla a fuego bajo hasta que se derritan. Añade las flores de caléndula y deja a fuego lento durante al menos una hora. Cuela la mezcla y deja enfriar.

Cómo aplicar:

Aplica la crema en las áreas de la piel que necesiten hidratación o curación.

Beneficios:

La caléndula ayuda a curar heridas. En tanto, el aceite de coco es un excelente hidratante, mientras que la cera de abejas crea una barrera protectora en la piel.

Loción de lavanda

Ingredientes:

1/4 taza de flores de lavanda

1/2 taza de aceite de almendras

1/4 taza de cera de abejas

Preparación:

Calienta el aceite de almendras y la cera de abejas en una olla a fuego bajo hasta que se derritan. Añade las flores de lavanda y deja a fuego lento durante al menos una hora. Cuela la mezcla y deja enfriar.

Cómo aplicar:

Aplica la loción en las áreas de la piel que necesiten hidratación o calmar.

Beneficios:

La lavanda cuenta con propiedades antiinflamatorias que calman la piel. El aceite de almendras es un excelente hidratante. La cera de abejas crea una barrera protectora en la piel.

Mascarilla de árbol de té y arcilla

Ingredientes:

2 gotas de aceite esencial de árbol de té

1 cucharada de arcilla verde

Preparación:

Mezcla el aceite esencial de árbol de té y la arcilla verde hasta obtener una pasta.

Cómo aplicar:

Aplica la mezcla en la cara, deja actuar durante 15 a 20 minutos y luego enjuaga con agua tibia.

Beneficios:

El árbol de té es conocido por sus propiedades antimicrobianas que sirven para tratar el acné. La arcilla verde absorbe el exceso de aceite de la piel.

Exfoliante de rosa mosqueta y azúcar

Ingredientes:

2 cucharadas de aceite de rosa mosqueta

1 cucharada de azúcar

Preparación:

Mezcla el aceite de rosa mosqueta y el azúcar hasta obtener una consistencia homogénea.

Cómo aplicar:

Aplica esta mezcla en la piel y masajea con movimientos circulares durante unos minutos. Finalmente, enjuaga con agua tibia.

Beneficios:

El aceite de rosa mosqueta reduce las arrugas y las cicatrices, mientras que el azúcar actúa como un exfoliante natural al eliminar las células muertas de la piel.

Mascarilla de sábila y miel

Ingredientes:

2 cucharadas de gel de sábila

1 cucharada de miel

Preparación:

Mezcla el gel de sábila y la miel hasta obtener una consistencia homogénea.

Cómo aplicar:

Aplica esta mezcla en la cara, deja actuar durante 15 a 20 minutos y luego enjuaga con agua tibia.

Beneficios:

La sábila es altamente hidratante y antiinflamatoria. La miel es un humectante natural que hidrata la piel.

Tónico de menta

Ingredientes:

1 taza de agua

1 cucharada de hojas de menta

Preparación:

Hierve el agua y añade las hojas de menta. Deja reposar durante 10 minutos, luego cuela y deja enfriar.

Cómo aplicar:

Aplica el tónico en la cara con un algodón después de limpiar la zona.

Beneficios:

La menta tiene un efecto refrescante en la piel y calma la irritación.

Crema de camomila y aceite de coco

Ingredientes:

1/4 taza de flores de camomila

1/2 taza de aceite de coco

1/4 taza de cera de abejas

Preparación:

Calienta el aceite de coco y la cera de abejas en una olla a fuego bajo hasta que se derritan. Añade las flores de camomila y deja a fuego lento durante al menos una hora. Cuela la mezcla y deja enfriar.

Cómo aplicar:

Aplica la crema en las áreas de la piel que necesiten hidratación.

Beneficios:

La camomila tiene propiedades antiinflamatorias que calman la piel y el aceite de coco es un excelente hidratante. Por último, la cera de abejas crea una barrera protectora en la piel.

Parche de ojos de manzanilla

Ingredientes:

2 bolsitas de té de manzanilla

Agua caliente

Preparación:

Sumerge las bolsitas de té de manzanilla en agua caliente durante 5 minutos, luego retira y deja enfriar.

Cómo aplicar:

Coloca las bolsitas de té enfriadas sobre los ojos durante 15 minutos.

Beneficios:

La manzanilla es reconocida por sus propiedades calmantes y antiinflamatorias para aliviar los ojos cansados y disminuir las ojeras.

Ungüento de caléndula y aceite de oliva

Ingredientes:

2 cucharadas de flores de caléndula secas

1/2 taza de aceite de oliva

2 cucharadas de cera de abejas

Preparación:

Calienta el aceite de oliva en una olla y añade las flores de caléndula. Cocina a fuego lento durante una hora. Cuela la mezcla y añade la cera de abejas revolviendo hasta que se disuelva.

Cómo aplicar:

Aplica una pequeña cantidad del ungüento en las áreas de la piel que necesitan cuidado adicional.

Beneficios:

La caléndula es conocida por sus propiedades curativas y antiinflamatorias. Por su parte, el aceite de oliva es un potente hidratante.

Mascarilla de regaliz y miel

Ingredientes:

1 cucharadita de extracto de regaliz

2 cucharadas de miel

Preparación:

Mezcla el extracto de regaliz y la miel hasta que estén bien combinados.

Cómo aplicar:

Aplica la mascarilla en el rostro y déjala actuar durante 20 minutos antes de enjuagar.

Beneficios:

El regaliz tiene propiedades antiinflamatorias y antimicrobianas que ayudan a reducir el enrojecimiento y la irritación de la piel. Por otro lado, la miel proporciona hidratación.

Aceite de neem y aloe vera para el acné

Ingredientes:

2 cucharadas de gel de aloe vera

5 gotas de aceite de neem

Preparación:

Combina el gel de aloe vera y el aceite de neem en un recipiente pequeño.

Cómo aplicar:

Aplica una fina capa de la mezcla en las áreas afectadas por el acné y déjala actuar durante la noche.

Beneficios:

El neem tiene propiedades antibacterianas que combaten las bacterias que causan el acné. En tanto, el aloe vera calma la piel y reduce la inflamación.

Bálsamo de hipérico y manteca de karité para quemaduras solares

Ingredientes:

1 cucharada de flores de hipérico

1/2 taza de aceite de oliva

1/4 taza de manteca de karité

1/4 taza de cera de abejas

Preparación:

Calienta el aceite de oliva en una olla y añade las flores de hipérico. Cocina a fuego lento durante una hora. Cuela la mezcla y añade la manteca de karité y la cera de abejas revolviendo hasta que se disuelvan.

Cómo aplicar:

Aplica una capa del bálsamo en las áreas de la piel que han sido expuestas al sol.

Beneficios:

El hipérico tiene propiedades antiinflamatorias que tratan la piel quemada por el sol. La manteca de karité y el aceite de oliva proporcionan una hidratación intensiva.

Mascarilla de aloe vera y equinácea para pieles secas

Ingredientes:

1/4 taza de gel de aloe vera

1 cucharada de extracto de equinácea

Preparación:

Mezcla el gel de aloe vera y el extracto de equinácea hasta obtener una pasta homogénea.

Cómo aplicar:

Aplica la mezcla en el rostro y déjala actuar durante 20 minutos antes de enjuagar con agua tibia.

Beneficios:

El aloe vera proporciona una hidratación intensiva y la equinácea calma la piel seca e irritada.

Loción corporal de lavanda y aceite de coco

Ingredientes:

1/2 taza de aceite de coco

1/4 taza de cera de abejas

10 gotas de aceite esencial de lavanda

Preparación:

Calienta el aceite de coco y la cera de abejas en una olla a fuego bajo hasta que se derritan. Retira del fuego y añade el aceite esencial de lavanda.

Cómo aplicar:

Aplica la loción en todo el cuerpo después de la ducha para una piel suave y perfumada.

Beneficios:

La lavanda tiene propiedades calmantes para reducir la irritación de la piel y el aceite de coco proporciona una hidratación intensiva.

Mascarilla de pepino y menta para piel grasa

Ingredientes:

1 pepino

5 hojas de menta

Preparación:

Licúa el pepino y las hojas de menta hasta obtener un puré.

Cómo aplicar:

Aplica la mascarilla en el rostro y déjala actuar durante 15 minutos antes de enjuagar con agua tibia.

Beneficios:

El pepino tiene propiedades astringentes para controlar el exceso de grasa en la piel. La menta proporciona un efecto refrescante.

Exfoliante de café y romero para la celulitis

Ingredientes:

1/2 taza de café molido

1/4 taza de aceite de oliva

1 cucharada de hojas de romero picadas

Preparación:

Mezcla el café molido, el aceite de oliva y las hojas de romero hasta obtener una pasta.

Cómo aplicar:

Masajea la mezcla en las áreas afectadas por la celulitis durante 10 minutos antes de enjuagar.

Beneficios:

El café estimula la circulación y reduce la apariencia de la celulitis, mientras que el romero tonifica y reafirma la piel.

Mascarilla de avena y manzanilla para la piel sensible

Ingredientes:

1/4 taza de avena molida

2 bolsitas de té de manzanilla

Agua caliente

Preparación:

Sumerge las bolsitas de té en agua caliente durante 5 minutos. Mezcla la avena molida con el té de manzanilla hasta obtener una pasta.

Cómo aplicar:

Aplica la mascarilla en el rostro y déjala actuar durante 15 minutos antes de enjuagar con agua tibia.

Beneficios:

La avena tiene propiedades calmantes que reducen la irritación de la piel. Por su parte, la manzanilla tiene propiedades antiinflamatorias que calman la piel sensible.

Remedios a base de plantas medicinales para el cuidado del cabello

Aceite de oliva y romero para el crecimiento del cabello

Ingredientes:

2 cucharadas de aceite de oliva

1 cucharada de hojas de romero secas

Preparación:

Calienta el aceite de oliva a fuego bajo y añade las hojas de romero por 2 minutos, retire del fuego. Después dejar que se infusione por 20 minutos, luego cuele el aceite y guarde en un frasco.

Cómo aplicar:

Aplica el aceite en el cuero cabelludo y masajea suavemente. Deja actuar durante 30 minutos antes de lavar con champú.

Beneficios:

El romero estimula el crecimiento del cabello, mientras que el aceite de oliva proporciona una hidratación intensiva al cuero cabelludo.

Acondicionador de manzanilla para cabellos claros

Ingredientes:

2 bolsitas de té de manzanilla

1 taza de agua

Preparación:

Hierve el agua y luego añade las bolsitas de té de manzanilla. Deja reposar durante 10 minutos y después retira las bolsitas de té.

Cómo aplicar:

Después del champú, vierte la infusión de manzanilla sobre el cabello y déjala actuar durante 10 minutos antes de enjuagar.

Beneficios:

La manzanilla resalta los tonos rubios y proporcionar brillo al cabello.

Tratamiento de aceite de coco y lavanda para cuero cabelludo seco

Ingredientes:

1/2 taza de aceite de coco

10 gotas de aceite esencial de lavanda

Preparación:

Calienta el aceite de coco a fuego bajo hasta que se derrita y luego añade el aceite esencial de lavanda.

Cómo aplicar:

Aplica la mezcla en el cuero cabelludo y masajea suavemente. Deja actuar durante 30 minutos antes de lavar con champú.

Beneficios:

El aceite de coco hidrata el cuero cabelludo seco y escamoso. La lavanda tiene propiedades calmantes que alivian la irritación.

Mascarilla de aloe vera y ortiga para la caída del cabello

Ingredientes:

1/4 taza de gel de aloe vera

1 cucharada de hojas de ortiga secas

Preparación:

Mezcla el gel de aloe vera y las hojas de ortiga hasta obtener una pasta.

Cómo aplicar:

Aplica la mezcla en el cuero cabelludo y masajea suavemente. Deja actuar durante 30 minutos antes de lavar con champú.

Beneficios:

La ortiga estimula la circulación en el cuero cabelludo promoviendo el crecimiento del cabello. En tanto, el aloe vera tiene propiedades que mantienen el cuero cabelludo saludable.

Tratamiento de vinagre de manzana y romero para la caspa

Ingredientes:

1/2 taza de vinagre de manzana

1 cucharada de hojas de romero secas

Preparación:

Mezcla el vinagre de manzana y las hojas de romero y deja que se infusione durante 30 minutos.

Cómo aplicar:

Aplica la mezcla en el cuero cabelludo después del champú y masajea suavemente. Deja actuar durante 10 minutos antes de enjuagar.

Beneficios:

El vinagre de manzana equilibra el pH del cuero cabelludo ayudando a combatir la caspa. El romero cuenta con propiedades antifúngicas para tratar la caspa.

Mascarilla de plátano y aguacate para cabello seco

Ingredientes:

1 plátano maduro

1/2 aguacate maduro

2 cucharadas de miel

Preparación:

Tritura el plátano y el aguacate hasta obtener una pasta y luego añade la miel.

Cómo aplicar:

Aplica la mascarilla en el cabello y déjala actuar durante 30 minutos antes de lavar con champú.

Beneficios:

El plátano y el aguacate hidratan y nutren el cabello seco, mientras que la miel sella la humedad en el cabello.

Tratamiento de aloe vera y té verde para el cabello graso

Ingredientes:

1/4 taza de gel de aloe vera

1 bolsita de té verde

Preparación:

Hierve una taza de agua y añade la bolsita de té verde. Deja que se infusione durante 10 minutos y luego retira la bolsita de té. Deja que se enfríe y luego mezcla con el gel de aloe vera.

Cómo aplicar:

Aplica la mezcla en el cuero cabelludo y masajea suavemente. Deja actuar durante 20 minutos antes de lavar con champú.

Beneficios:

El aloe vera regula la producción de aceite en el cuero cabelludo, mientras que el té verde cuenta con propiedades antioxidantes que mantienen el cuero cabelludo saludable.

Mascarilla de huevo y miel para cabello dañado

Ingredientes:

1 huevo

2 cucharadas de miel

Preparación:

Bate el huevo y luego añade la miel.

Cómo aplicar:

Aplica la mascarilla en el cabello y déjala actuar durante 30 minutos antes de lavar con champú.

Beneficios:

El huevo fortalece el cabello dañado y proporciona proteínas esenciales, mientras que la miel hidrata y sella la humedad en el cabello.

Tratamiento de aceite de ricino y salvia para la caída del cabello

Ingredientes:

½ taza de aceite de ricino

10 gotas de aceite esencial de salvia

Preparación:

Calienta el aceite de ricino a fuego bajo y luego añade el aceite esencial de salvia.

Cómo aplicar:

Aplica la mezcla en el cuero cabelludo y masajea suavemente.

Deja actuar durante 30 minutos antes de lavar con champú.

Beneficios:

El aceite de ricino estimula el crecimiento del cabello. En tanto, la salvia fortalece el cabello y previene la caída del cabello.

Enjuague de limón y tomillo para cabello opaco

Ingredientes:

El jugo de 1 limón

1 cucharada de tomillo seco

Preparación:

Hierve una taza de agua y añade el tomillo. Deja que se infusione durante 10 minutos y luego retira las hojas de tomillo. Deja que se enfríe y luego añade el jugo de limón.

Cómo aplicar:

Después del champú, vierte la mezcla sobre el cabello y déjala actuar durante 5 minutos antes de enjuagar.

Beneficios:

El limón elimina la acumulación de residuos en el cabello proporcionando brillo, mientras que el tomillo fortalece el cabello.

***

Con estos remedios, podrás mantener tu piel y cabello saludable. Espero que puedas aplicar los remedios más convenientes para ti según tu caso.

María Paula Martin

Conclusión

En las páginas de este libro hemos explorado juntos el vasto y fascinante mundo de las hierbas y plantas medicinales, y su potencial para mejorar y mantener nuestra salud de forma natural y sustentable. Hemos repasado desde los remedios para aliviar el resfriado y la gripe hasta soluciones para cuidar nuestro corazón y piel.

Sin embargo, este no es un viaje que deba terminar en la última página de este libro. Los conocimientos adquiridos aquí son herramientas que puedes utilizar a lo largo de tu vida. Te animo a que experimentes, adaptes y apliques estos remedios a tus necesidades personales. Recuerda, la aplicación y la constancia son claves para alcanzar los beneficios de estos remedios naturales.

No te olvides también que compartir este tipo de sabiduría es una forma poderosa para ayudar a otros. Si este libro te ha proporcionado valor, por favor, coméntalo con tus amigos y seres queridos para que tengan la oportunidad de comprarlo.

María Paula Martin

Made in the USA
Columbia, SC
31 August 2024

88d025c5-1544-4426-bf67-ba574b88c4faR01